Armin Gebhardt

Deutschlands Absturz

Eine Doppelstudie

Umschlagbild: www.pixelquelle.de

Armin Gebhardt

DEUTSCHLANDS ABSTURZ

Eine Doppelstudie

Stuttgart 2006

Edition Noëma

Bibliografische Information Der Deutschen Bibliothek

Die Deutsche Bibliothek verzeichnet diese Publikation in der Deutschen Nationalbibliografie; detaillierte bibliografische Daten sind im Internet über <http://dnb.ddb.de> abrufbar.

∞

Gedruckt auf alterungsbeständigem, säurefreien Papier
Printed on acid-free paper

ISBN: 3-89821-548-2

Printed in Germany

Vorwort

Das beiliegende Manuskript enthält eine Doppelstudie. Eine über Kaiser Wilhelm II., die andere über Hitler. Unabhängig voneinander, zeitlich nacheinander haben sie Deutschlands Absturz ausgelöst, von dessen Folgen jeder Deutsche betroffen ist; mit Langzeitwirkung bis in die Gegenwart hinein.

Die außenpolitische Verblödung des Kaisers führte zum I. Weltkrieg 1914-1918, die kriminelle Energie Hitlers führte zum II. Weltkrieg 1939-1945. Dadurch wurde das imposante Erbe des Reichsgründers Bismarck, des genialsten Staatsmannes während des 19. Jahrhunderts, restlos verspielt.

Nun ist sowohl über Wilhelm II. als auch über Hitler eine Flut von Biographien, historischen Abrissen, detaillierten Einzeldarstellungen und problemspezifischen Essays veröffentlicht worden, die sich kaum mehr übersehen läßt. Im Gegensatz zu jenen fast voluminösen Abhandlungen beschränkt sich die beiliegende Studie auf reichlich 100 Manuskriptseiten.

Dargestellt sind nur die geschichtlich entscheidenden Impulse, Entwicklungslinien und schließlich die Fakten, die Deutschland während der Ersthälfte des 20.Jahrhunderts in die Katastrophe gerissen haben. Doch gerade eine solche Gedrängtheit offenbart bestürzend die geradezu absurde Divergenz im politisch-militärischen Endziel der beiden Machthaber.

Dem Kaiser Wilhelm II. darf ungeachtet seiner erschreckenden politischen Borniertheit konzediert werden, daß er im Verlaufe des I. Weltkrieges militärisch das Deutsche Reich zum Siege führen wollte.

Hitler dagegen – das ergeben sechs Jahrzehnte intensiven Nachdenkens – wollte Deutschlands Untergang. Um zu solcher – zunächst grotesk erscheinenden – Folgerung zu gelangen, ist allerdings eine genaue Kenntnis seiner Wiener Jahre 1907-1913 unerläßlich. In denen der von jedem menschlichen Kontakt Ausgeschlossene, durch alle Prüfungen Durchgefallene, mit Fußtritten von Arbeitsstellen Fortgestoßene seine spätere Rache an der Menschheit, namentlich an den deutschen Zeitgenossen, unaufhaltsam entwickelte.

Um als verkrachte Existenz Rache vor allem an den Deutschen ausüben zu können, mußte Hitler auf mühevollen Wege zuvor deren Diktator werden. Dazu verhalfen ihm äußerst günstige Zeitumstände: vor allem 1919 das Diktat von Versailles, 1923 die Verarmung der Bevölkerung infolge Inflation, 1929 der sog. „Schwarze

Freitag“ in New York, der mittelbar zu 6 ½ Millionen Arbeitslosen in Deutschland führte; zum anderen, daß Hitler sich zum lautesten Brüller auf politischen Massenveranstaltungen entwickelte; zum dritten, daß vor wie nach der Machtergreifung 1933 niemand wagte, den Skrupellosen zu bändigen. Hitler ermordete im Jahre 1934 seinen bis dahin besten Freund Ernst Röhm und die anderen Führer der SA, die ihn bisher in den politischen Straßenkämpfen geschützt hatten. Unglücklicherweise mußte im gleichen Jahr auch noch Reichspräsident Hindenburg sterben. Und das Schlimmste: fast geschlossen folgt ihm die Wehrmachtsführung gehorsam in den Krieg, den Diktator Hitler 1939 vom Zaune bricht.

Zu dessen eigener Überraschung werden in kurzer Zeit Polen im Osten und Frankreich im Westen besiegt. Deshalb überfällt er im Juni 1941 Stalins Sowjetunion und opfert gegen dessen Rotarmisten ganz bewußt Hunderttausende, später Millionen deutscher Soldaten.

Eingekeilt zwischen dem British Empire im Westen und dem russischen Weltreich im Osten befürchtet Hitler immer noch einen deutschen Sieg. Da setzt er jenem seit Menschenalter gehegten Racheplan die Krone auf, indem er ganz bewußt der stärksten Macht dieser Erde, den Vereinigten Staaten von Amerika, am 11.12.1941 den Krieg erklärt.

Den durch das militärische Zusammenwirken jener drei Weltmächte nun endlich ausgelösten militärischen Zusammenbruch Deutschlands genießt er mit satanischer Freude und Genugtuung. Er hat ja nichts zu verlieren. Besitzt keinen Angehörigen. Im sog. „Führerbunker“ schießt er sich genüßlich in die Schnauze. „Nach mir die Sintflut“.

Stalin hat vielleicht zahlenmäßig noch mehr Menschen umgebracht als Hitler. Doch an sinnloser Zerstörungswut hat er den Zöllnersjungen aus Braunau am Inn, dieses einmalige Monster der neueren Geschichte, nicht annähernd erreicht.

Studie über Kaiser Wilhelm II.:

Unter der Pickelhaube „Volldampf voraus“!

I. Bismarcks Entlassung

Das Jahr 1890 führte zu einem tiefen Einschnitt in der deutschen Geschichte. Als solcher wurde er auch von den meisten Völker und Staaten Europas sogleich empfunden. Fürst Bismarck, der die Einheit Deutschlands geschmiedet und seinen ihm in unerschütterlichen Treue verbundenen Herrn, den preußischen König, im Jahre 1871 zum Kaiser Wilhelm I. erhoben hatte, wurde – ihn fast demütigend – aus dem Amt des deutschen Reichskanzlers entlassen.

Der ihn entließ, war der im Alter von 29 Jahren auf den deutschen Kaiserthron gelangte Enkel des alten Kaisers, der aller Regierungserfahrung bare Wilhelm II., der gleichwohl den bedeutendsten Staatenlenker des gesamten 19.Jahrhunderts nicht neben sich dulden mochte.

Rechnet man die Regierungsjahre Bismarcks als preußischen Ministerpräsidenten hinzu, so hat er fast 30 Jahre hindurch – mittelbar und unmittelbar – die politischen Geschicke Deutschlands bestimmt. An entsprechenden Erfahrungen unerreicht, in der vorsichtigen Abwägung aller sich bietenden, vor allem außenpolitischen Möglichkeiten unübertroffen, hatte der im Zeitpunkt seiner Entlassung mittlerweile Fünfundsiebzigjährige das Deutsche Reich zur gesichertesten Kontinentalmacht Europas erhoben, in ihren Zielvorstellungen saturiert, von ihren Nachbarn respektiert.

Nach der Reichsgründung von 1871 sah sich Deutschland inmitten von drei europäischen Großmächten; Rußland, Frankreich und Großbritannien. Unter ihnen besaß für Bismarck das von der Ostsee bis zum pazifischen Ozean sich erstreckende Riesenreich Rußland absoluten Vorrang in der Ausgestaltung der beiderseitigen Beziehungen.

Auf Bismarcks Einladung hin treffen sich im September 1872 die drei Kaiser Rußlands, der Donaumonarchie Österreich-Ungarn und eben Deutschlands in Berlin. Sie verbünden sich. Zar Alexander II. und sein Regierungschef Gortschakow kommen im Mai 1875 nach Berlin. Nach dem Berliner Kongreß 1878 besuchen Wilhelm I. und Bismarck den Zaren im September 1879 in Alexandrowo. Nach der Ermordung Alexanders II. erneuern mit dessen Nachfolger, Zar Alexander III., nun Franz Joseph von Österreich und Wilhelm I. im Juni 1881 das Dreikaiserbündnis, das im März 1884 um drei Jahre verlängert wird. Die drei Monarchen treffen sich dann im September 1884 in der polnischen Kreisstadt Skierniewice. Zwischen Rußland und der Donaumonarchie treten politische Spannungen auf. Deshalb schließen am

18.6.1887 der Zar für Rußland und Bismarck für Deutschland den sogenannten Rückversicherungsvertrag ab. In dem Jeder dem Anderen wohlwollende Neutralität zusichert, sollte er in einen Krieg verwickelt werden; ausgenommen ein Angriff Deutschlands auf Frankreich oder ein Angriff Rußlands auf Österreich. Darüber hinaus Deutschlands Verständnis für eine maßvolle Balkanpolitik Rußlands.

Gleichwohl trübte Deutschlands Hilfestellung für Österreich in den Folgejahren sein Verhältnis zu Rußland. Die von Bismarck 1888 verlangte Aufstockung der Heeresmannschaftsstärke verwunderte St. Petersburg beträchtlich. Die in der russischen Presse sich abzeichnende öffentliche Meinung des Landes kehrte sich langsam gegen Deutschland. Da jedoch Bismarck andererseits 1887 vor dem Deutschen Reichstag jede Art von Präventivkrieg gegen Frankreich entschieden abgelehnt hatte, entschloß sich der Zar zu einer Verlängerung jenes Rückversicherungsvertrages von 1887 und sandte 1890 Graf Schuwalow, seinen Botschafter in Berlin, ins Reichskanzleramt. Bismarck eröffnete dem Botschafter, er von sich aus würde sofort den Rückversicherungsvertrag verlängern, doch gerade der wäre einer der Hauptgründe für seine bevorstehende Entlassung durch den jungen selbstherrlichen Kaiser; dem wäre er, Bismarck, viel zu russenfreundlich.

Die Audienz von Schuwalow einige Tage später am 21.3.1890 bei Kaiser Wilhelm II. verläuft ergebnislos. Der Kaiser beruft sich auf die erforderliche Gegenzeichnung durch den neuen Reichskanzler Caprivi. Der seinerseits lehnt die Verlängerung aus fadenscheinigen Gründen ab; angeblich wegen der sich kreuzenden Beziehungen Rußland-Bulgarien und Deutschland-Rumänien. Scheinheilig erklärt Wilhelm II.: „Nun, dann geht es nicht, so leid es mir tut.“

Mit der – egal, ob nur leichtsinnigen oder vorsätzlichen – Kappung des Bündnisstranges nach St. Petersburg hatte Wilhelm II. einen wesentlichen Tragepfeiler für Deutschlands Wohlergehen inmitten der gefährlichsten europäischen Gemengelage zum Einsturz gebracht. Obendrein eine verhängnisvolle Desavouierung des bisherigen alten, außenpolitisch so erfolgreichen Reichskanzlers! Der hat die kaiserliche Entscheidung in seinem – ihm praktisch aufgezwungenen – Abschiedsgesuch so kommentiert: „Ich würde damit alle die für das Deutsche Reich wichtigen Erfolge in Frage stellen, welche unsere auswärtige Politik seit Jahrzehnten im Sinne der beiden hochseligen Vorgänger Ew. Majestät in unseren Beziehungen zu Rußland unter ungünstigen Verhältnissen erlangt hat, und deren über Erwarten große Bedeutung für die Gegenwart und Zukunft Graf Schuwalow ... mir soeben bestätigt hat.“

Wahrscheinlich hat der nicht von vernünftigen Gründen gesteuerte, sondern von Gefühlswallungen angetriebene junge deutsche Monarch seine Entscheidung getroffen heraus aus der Empörung über eine ihm vom diplomatischen Dienst zugeleitete Äußerung des Zaren über ihn: „C´est un garcon mal élèvé et de mauvaise foi.“

Doch es war eben nicht nur die ausschließlich rational zu entscheidende Rußlandfrage, die ihn von Bismarck trennte. Hinfort wollte er absolut in Deutschland die gleiche Macht ausüben, zu der der alte Kanzler seinen kaiserlichen Vorgängern erst verholfen hatte. Bismarck sollte zum „Handlanger des erhabenen Willens“ des Kaisers abgleiten. Noch deutlicher: Wilhelm II. wollte die imposanteste politische Autorität Europas ganz loswerden.

Dabei kamen ihm im Schicksalsjahr 1890 einige Umstände zu Hilfe. Er disharmonierte mit Bismarck in Fragen der Landgemeindeordnung, der progressiven Einkommenssteuer, vor allem in denen des gewerblichen und industriellen Arbeitsschutzes. Die Reichstagswahlen verschaffen im Plenum den Bismarckgegnern eine Mehrheit. Das Sozialistengesetz – besser: Antisozialistengesetz -, das Bismarck seinerseits durchgesetzt hatte, und das jetzt in eines von unbegrenzter Dauer modifiziert werden soll, lehnt der Deutsche Reichstag am 25.1.1890 ab. Aber auch der Kaiser befehdet es. Hier hat er ausnahmsweise die Zeichen der Zeit besser begriffen als der alte Kanzler. Mittelbar geht Wilhelm II. auf die Sozialdemokratie zu. Mit – muß man gerechterweise hinzufügen – sogar auf weitere Sicht segensreichen Folgen, vor allem im Hinblick auf die deutsche Innenpolitik.

Nach zwei Attentaten auf den alten Kaiser Wilhelm I. hatte Bismarck im Reichstag am 19.10.1878 ein neuerliches Sozialistengesetz durchgesetzt. Sicherlich mit dem Ziel, politisch die Sozialisten entscheidend zu schwächen, auch wenn sie unverändert zu Reichstagswahlen zugelassen wurden. Ihre Organisationen, Vereinigungen, Versammlungen, vor allem ihre Presse wurden verboten; unliebsame Agitatoren konnten ausgewiesen werden. Doch dieses „Gesetz gegen die gemeingefährlichen Bestrebungen der Sozialdemokratie“ zeitigte nur beschränkt die erhoffte Wirkung. Die Zahl der SPD-Wählerstimmen war anläßlich der Reichstagswahlen schon zuvor von 100000 (1871) auf 350000 (1874), dann weiter auf knapp 500000 (1877) angewachsen. Nun stieg sie noch weiter an: 550000 (1884), 760000 (1887), 1400000 (1890), was der Partei immerhin 35 Mandate einbrachte: 1903 erweiterte sich die Zahl ihrer Mandate bei 3 Millionen Wählerstimmen auf 82. Besonders auf dem Dresdner Parteitag im gleichen Jahr 1903 brachen in aller Schärfe innerparteiliche

Kämpfe zwischen Radikalen und weitblickend Gemäßigten, den sogenannten Revisionisten, aus. Doch die schließlich obsiegenden Gemäßigten sabotierten später nicht die deutsche Kriegsführung 1914 und erwiesen sich sogar nach dem Zusammenbruch von 1918 als staatstragende und staatserhaltene Partei. Nicht zuletzt auch dank der politischen Einsicht Wilhelms II. Jahrzehnte zuvor!

Wer waren deren Wähler? Wer war jenes „Proletariat“? Wer bevölkerte jene abstoßenden Berliner Hinterhöfe? Was erklärte die aufsprießenden Arbeiterstädte im Ruhrgebiet und anderswo? Die Zeiten, in denen 80 % der Deutschen in und von der Landwirtschaft lebten, waren endgültig vorbei. Vorbei auch die Zeiten Goethes und Mozarts, während derer in den Familien etwa 4 von 6 Kindern frühzeitig starben. Vor allem dank Ignaz Semmelweis, dem „Retter der Mütter“, dem Kämpfer gegen Kindbettfieber, blieben von 6 Kinder zumeist jetzt alle 6 am Leben. Fanden aber nun auf dem Lande keine Betätigungsmöglichkeit mehr und wanderten in die Städte ab, wo gerade die industrielle Revolution losbrach. Brandenburgische, schlesische, pommersche, west- und ostpreußische Bauerntöchter und Bauernsöhne waren es, die sich nunmehr in jenen Berliner Hinterhöfen einquartierten, die in der – infolge unerwarteter Fülle von technischen Neuerungen explosionsartig wachsenden – Industrie nicht nur im Ruhrgebiet sich ihre Arbeiterexistenzen aufbauten, sich später immer weiter von einem klassischen Proletarierdasein entfernten und im 20.Jahrhundert – zumindest als Facharbeiter – im sogenannten bürgerlichen Mittelstand landeten.

Zugunsten Wilhelms II. ist anzuerkennen, daß er – wenn auch nur in verschwommenen Umrissen – jene Entwicklung richtig eingeschätzt und erheblich dazu beigetragen hat, daß das deutsche Volk innerlich nicht auseinandergebrochen ist.

Bismarck, der mit seinem – insoweit – eingeengten Blickwinkel in jenen Sozialisten meistens nur Reichsfeinde vermutet hat, darf gleichwohl in Anspruch nehmen, die ersten umfassenden sozialen Sicherungssysteme in Europa etabliert zu haben: 1883 die Krankenversicherung, getragen von Ortskrankenkassen, aber auch von Betriebs-, Berufsverbands- und Hilfskassen; 1884 die Unfallsversicherung, betreut von den Berufsgenossenschaften unter der Aufsicht des Reichsversicherungsamtes; 1889 die Invaliditäts- und Altersversicherung in der Kompetenz der öffentlichrechtlichen Landesversicherungsanstalten. Von diesen Systemen profitierten vor allem Arbeiter und Angestellte, und deren weiterer Ausbau bis zu Reichsversicherungsordnung im Mai 1911 rechtfertigte die mit ihnen verbundene Erwartung auf einen flächendeckenden sozialen Frieden.

Doch gerade in jenem ominösen Jahr 1890 erließ Wilhelm II. darüber hinaus seine Arbeitsschutzdirektiven. In der Sitzung seines Kronrates vom 24.Januar verkündigte er das grundsätzliche Verbot von Sonntagsarbeit, die fühlbare Beschränkung von Frauen- und Kinderarbeit, Institutionalisierung von Gewerbegerichten, welche Streitigkeiten zwischen Arbeitnehmern und Arbeitgebern schlichten sollten. Dabei soll der Kaiser sogar geäußert haben, der deutsche Unternehmer presse seine Arbeiter wie Zitronen aus und lasse sie „auf dem Miste verfaulen".

Was die ständig steigende Zahl von SPD-Reichstagswählerstimmen anlangt, so ist freilich füglich zu beachten, daß während der beiden Jahrzehnte 1870-1890, in denen sich Deutschland entgültig vom Agrarstaat zum Industriestaat wandelte, in denen sich zunehmend wirtschaftlicher Wohlstand in fast allen Bevölkerungskreisen ausweitete, gleichzeitig auch das allgemeine Bevölkerungspotential explosionsartig anstieg; von noch nicht einmal 40 Millionen zur Reichsgründungszeit auf über 65 Millionen etwa im Jahre 1910.

Oft wurde Wilhelm II. – auch das mag ihn prima vista entlasten – von der Woge der Begeisterung anderer getragen, nicht nur von akklamierenden Parlamentariern, sondern gelegentlich auch von breiten Volksmassen. Man denke an die Bestrebungen, weitere Kolonien in Übersee zu erwerben, oder an die noch gefährlicheren, in Konkurrenz zu Großbritannien eine eigene Hochseeflotte „aus dem Boden zu stampfen". Doch gerade in solchen heiklen Sachlagen hätte sich der Kaiser notfalls dem Volksenthusiasmus – „unsere schönen Schiffe!" – entgegenstellen müssen, hätte einen bedenklichen popularistischen Trend umzukehren versuchen müssen. Dazu war er jedoch von seiner Veranlagung her, in der immer Gefühl den Verstand dominierte, natürlich nicht in der Lage. Mäßigende Einwirkung auf forsche rechtsstehende Parlamentarier überließ er lieber anderen, vornehmlich seinem jeweiligen Reichskanzler.

Seinen verhängnisvollen Fehlgriff, Bismarck in die Wüste geschickt zu haben, hat Wilhelm II. in seiner vermeintlichen Gottähnlichkeit nie eingesehen, nicht einsehen wollen. Er blieb bei seinem Standpunkt, den er in Abwehr der allgemeinen Entrüstung über die Entlassung Bismarcks 1891 vor dem Brandenburgischen Provinziallandtag so formulierte: „Ich lasse Mich dadurch nicht beirren. Sie wissen, daß ich Meine ganze Stellung und Meine Aufgabe als eine Mir vom Himmel gesetzte auffasse, und daß Ich im Auftrage eines Höheren, dem ich später einmal Rechenschaft abzulegen habe, berufen bin."

Bismarck dazu in seinen Erinnerungen: „Wenn ich jetzt zurückblicke, so nehme ich an, daß der Kaiser während der 21 Monate, da ich sein Kanzler war, seine Neigung, einen vererbten Mentor loszuwerden, nur mit Mühe unterdrückt hat, bis sie explodierte.“

II. Wilhelms II. Charakterbild

Welchen Eigenschaftenverschnitts war denn nun jener junge und zugleich letzte Hohenzoller auf dem deutschen Kaiserthron? Der gleich nach dem Eingang des Bismarck abgepressten Rücktrittsgesuches selbstherrlich an den König von Sachsen depeschierte: „Das Amt des wachhabenden Offiziers auf dem Staatsschiff ist mir zugefallen. Der Kurs bleibt der alte. Volldampf voraus!"

Sein eigener Vater, Kaiser Friedrich III., der unglückseligerweise vorzeitig nach 99 Tagen Regentenzeit infolge eines Kehlkopfcarcinoms starb, nannte ihn einen unreifen Menschen „bei seinem ohnehin schon sehr raschen und zur Übereilung neigenden Urteil, ... verbunden mit seinem Hang zur Überhebung wie zur Überschätzung ... " (so 1886 an Bismarck). Der zwar als junger Fant und Fähnrich in Potsdamer Offizierskasinos mit prahlerischen Sprüchen geglänzt, aber nie eine seriös schulische, geschweige denn universitäre Ausbildung erfahren hatte, der nie mit wissenschaftlicher, zumal mit analytischer Tätigkeit oder gar mit Forschungsarbeit befaßt war. Ihn, der trotz Begabung über kein intellektuell durchtrainiertes Gehirn verfügte, langweilten stofflich komplizierte Vorträge seiner Minister, und er selbst scheute die Einarbeitung in eine vom Stoffangebot her auch nur ein wenig schwierigere oder unübersichtlichere Materie. Kein Wunder, wenn er dann später vor allem außenpolitische Problematiken nie so recht zu erfassen vermochte. Ernst, Fleiß und Ausdauer fehlten ihm völlig.

Mit Bismarck wußte er sich nur in Einem einig: „Der Soldat und die Armee, nicht Parlamentsbeschlüsse haben das Deutsche Reich zusammengeschmiedet." Doch nun war ihm anfangs der alte, erfahrene, ruhmvolle Kanzler, im Wege. Den drängt er in singulärem Selbstbewußtsein aus dem Amt: „Einer nur ist Herr im Reich, keinen Anderen dulde ich neben mir." Und Wilhelm II. fordert absoluten, unkritischen Gehorsam! Dies geht so weit, daß er anläßlich einer Rekrutenvereidigung sogar ausruft: „Wenn euer Kaiser es euch befiehlt, müßt ihr auf Vater und Mutter schießen."

Unstet, spontaneitätsgetrieben und sprunghaft irrt er durch den jeweiligen Tagesablauf. Da – vor allem seitens seiner Ratgeber – leicht beeinflußbar, schwankt er ständig in seinen Ansichten, stößt gefaßte Entschlüsse überraschend um, zeigt sich oft genug außerstande, eine klare Leitlinie zu verfolgen und scheitert auch mitunter an seiner eigenen Oberflächlichkeit.

Im umgekehrten Verhältnis zu solcher Mängelhäufung steht das übersteigerte Selbstbewußtsein von Wilhelm II.. Er konstatiert, daß „wir Hohenzollern unsere Krone nur vom Himmel nehmen und die darauf ruhenden Pflichten dem Himmel gegenüber zu vertreten haben." Umgekehrt nach unten hin fordert er absoluten Gehorsam. Hofmarschall Graf Zedlitz berichtet von einem Gespräch des Kaisers mit einem Hochschulprofessor im Herbst 1904, in dem sich Seine Majestät ereifert: „Ja, das ist es ja! Meine Untertanen sollten einfach tun, was Ich Ihnen sage. Aber Meine Untertanen wollen immer selber denken, und daraus entstehen alle Schwierigkeiten." In seiner Selbstberauschung und zugleich Selbstbeweihräucherung, fühlt er sich im unangefochtenen Wissen allen Anderen überlegen zu sein, als ein glorreicher Gottgesandter. Dazu paßt sein Lohengrinhelm mit Pickelhaube, den er sich auf den Kopf stülpt. Darunter mit hochgezwirbelten Schnurrbart schaut er martialisch in die Photolinsen. Sendungsbewußt will er seiner Umwelt schon zeigen, daß die Geschichte Europas nur auf ihn gewartet hat. Dazu gehört natürlich auch, daß er das entsprechend eindrucksvoll demonstriert. Daß er sich bei allen denkbaren Anlässen in militärisch glitzernder Uniform präsentiert, die er fortgesetzt wechselt. Ohnehin für prunkvolles Ambiente anfällig, sucht er die Gelegenheiten auf, bei denen er sich inmitten militärischen Gepränges unter seiner Pickelhaube so richtig in Szene setzen kann. Namentlich bei Heeresparaden. Bei Manöverabschlußkundgebungen. Und ein Mensch, der von ihm beachtet sein will, muß zumindest „gedient haben".

Reden halten kann er. Das ist ihm mit in die Wiege gelegt. Gar nicht genug kann er reden. Bei passenden und unpassenden Gelegenheiten. Natürlich auch im Ausland. Dessen Gefühle er nicht selten taktlos verletzt. Reden und nochmals reden! Nicht durchdacht, aber schneidig und forsch. Nicht nur einmal unüberlegt und ohne Augenmaß in der Wirkung auf Andere, doch notfalls säbelrasselnd, um die eigene Hohlheit zu übertünchen. Stolz fühlt sich Wilhelm II. als ein Starschauspieler auf dem nationalem wie auf dem internationalen Bühnenparkett. Der dann nur noch auf Eines aus ist: auf den Applaus seines Auditoriums. Ein Blender! Ein Phantast! Der in seinen plötzlich über ihn hereinbrechenden Emotionen schwierige Situationen schafft statt sie zu meistern. Der aber auch unerwartet ängstlich zurückweicht, wenn er sich einer bedrohlichen Gefahrenlage unvermittelt gegenübersieht.

Natürlich droht er dann schon lieber selber seinem Gegenüber. Und das beispielsweise auch aus einem geringfügigen Anlaß wie dem im Jahre 1912, als er wegen Querelen um den heiklen politischen Status von Elsaß-Lothringen dem Straßburger Bürgermeister unverhofft ins Gesicht haut: „Bisher haben Sie mich nur von der guten Seite kennengelernt, aber wenn die Dinge so weitergehen, dann schlage ich Ihre Verfassung in Scherben, und wir verleiben Sie Preußen ein.“

Kein Wunder, wenn dann noch vor Kriegsausbruch 1914 das zunächst noch gedämpfte Entsetzen im Deutschen Volk immer breitere Kreise zog. Und beispielsweise der bayrische Bundesvertreter Graf Lerchenfeld einen solchen Kaiser, als den „sicheren Verderber des Reiches“ bezeichnete. Der permanent mit dem Ruf „Volldampf voraus!“ anfeuerte. Bis die Reichsmaschine keinen Dampf mehr hergab.

III. Kolonien

Hingegen blieb Wilhelm II. eine Blamage in Kolonialangelegenheiten weitgehend erspart. Denn die entsprechenden Erwerbungen fallen noch in Bismarcks Reichskanzlerzeit. Der war freilich grundsätzlich gegen deutsche Kolonien. Angesichts der seit Jahrhunderten erfolgten spanischen Kolonisierungen in Lateinamerika, der noch weit globaleren Großbritanniens in Afrika und Asien und selbst noch der französischen, erwartete Bismarck nur noch den Erwerb wertloser Ländereien und befürchtete obendrein Komplikationen mit dem in Übersee allgegenwärtigen Großbritannien. Doch in seinem wirtschaftlich mächtig aufstrebenden Reich mehrten sich die Stimmen, die sich vom Kolonialerwerb – wie natürlich auch der Kaiser später selbst – einen „Platz an der Sonne“ erhofften; und er mußte eine bedenkliche Zunahme jener Kolonialschwärmer registrieren, die sich zu einer einschlägigen Interessengemeinschaft zusammenschließen wollten. Finanzkräftige Großkaufleute mit der nötigen Abenteuerlust im Blut begaben sich an die afrikanischen Küsten und kauften dort von den Eingeborenen Ländereien zusammen. Adolf Lüderitz begann damit im südwestafrikanischen Hafen von Angsa-Pequena 1883, Gustav Nachtigall während des Folgejahres in Togo und Kamerun, „Pionier“ Carl Peters folgte 1884/85 an der ostafrikanischen Küste. Erst nach einer Kontaktierung der britischen Regierung und entsprechender Vergewisserung ausbleibender Komplikationen stellte der auch diesmal vorsichtig operierende Kanzler den Erwerbern kaiserliche Schutzbriefe aus. Im Jahre 1889 leitete er auch noch den bedeutsamen Tausch von Sansibar gegen das bisher von den Briten besetzte Helgoland ein. Ähnlich verfuhr er im Pazifischen Ozean mit den Marshallinseln, mit Neuguinea und mit dem sogenannten Bismarckarchipel. Später 1889 mit den ebenfalls unbedeutenden Marianen, Karolinen und mit einem Teil von Samoa, wo der Großkaufmann Johann Cesar Godeffroy vorgearbeitet hatte.

Bismarcks starke Bedenken bewahrheiteten sich im nachfolgenden Vierteljahrhundert bis zum Kriegsausbruch partiell. Zwar fanden keine Zusammenstöße mit den bereits etablierten Kolonialmächten statt. Doch konnten weder aus jenen deutschen Kolonien wichtige Rohstoffe bezogen noch daselbst sinnvolle, funktionsfähige Märkte für den Absatz deutsche Industrieprodukte erschlossen werden. Wenn auf die Dauer sinnlos investiert wird, erweist sich am Ende die ganze Angelegenheit als Minusgeschäft.

Hinzu kamen die Aufstände der Eingeborenen. Bereits 1888 in Ostafrika. Am schrecklichsten wirkten sie sich aus in Südwestafrika. Wo im Jahre 1903 Hereros und Hottentotten über die deutschen Ansiedler herfielen und sie in blinder Wut ermordeten. Der Kaiser mußte Truppenkontingente in die gefahrvolle Kolonie entsenden und nach blutiger Niederwerfung der Aufständischen Ruhe und Ordnung wiederherstellen. Solche nur Geld und Mühsal erfordernden Kolonialzonen wieder abzustoßen, kam ihm schon ob seines Angebenmüssens natürlich auch nicht in den Sinn. Da fühlte er sich vielmehr getragen von der bereits 1887 gegründeten Kolonialgesellschaft, einem Zusammenschluß der Gesellschaft für deutsche Kolonisation und des deutschen Kolonialvereins. Deren etwa 40000 propagandistisch aggressive Mitglieder für ihn nicht zu unterschätzen waren; großsprecherische Nationalisten vor 1914, sehr kleinlaut geworden nach 1918. Da war dann freilich auch schon der Kaiser als oberster Kolonialherr in der Versenkung verschwunden. Und die Siegermächte des I. Weltkrieges teilten genüßlich den deutschen Kolonialbesitz mandatsmäßig unter sich auf.

IV. Ostasien

Im Winter 1894/95 fand zwischen den ostasiatischen Großmächten China und Japan ein Krieg statt. Die Inselnation Japan siegte überraschend schnell und annektierte einen Fetzen des chinesischen Festlandes. Dagegen protestierten Rußland sowie zu dessen Unterstützung Frankreich. Denn Rußland konnte es auf Grund seiner Riesenausdehnung über Sibirien bis in den ostasiatisch-pazifischen Raum hinein nicht gleichgültig sein, was mit China geschehen sollte, wo es einen eigenen Handelsstützpunkt anstrebte. In ihrem eigenen Interesse wirkten Rußland und Frankreich nachhaltig, aber dabei konziliant höflich auf Japan ein, das eroberte Gebiet wieder an China zurückzugeben. Der dabei völlig unbeteiligte Wilhelm II. fuhr jedoch hoch, mischte sich ungebeten in den Konflikt ein und verlangte ultimativ von Tokio die Preisabgabe der japanischen Eroberung auf chinesischem Boden. Japan gab zwar nach, doch seinen führenden politischen Kreisen blieb die Interventionsattacke dieses aufgeblasenen Berliner Popanzes aus dem fernen Westen unvergessen. Die Rache folgte zwanzig Jahre später, als bei Kriegsausbruch 1914 Japan sofort die ostasiatischen Pachtgebiete Deutschlands an sich riß. Wilhelm II., der auch noch glaubte, mit seiner bramarbasierenden Aktion dem Zaren einen Gefallen erwiesen zu haben, übersandte ihm als Geschenk ein Gemälde „Völker Europas, wahret eure heiligsten Güter!“ In St. Petersburg schüttelte man nur noch den Kopf.

Nun wünschte der deutsche Kaiser – teilweise befangen in der Wahnvorstellung, für seinen Einsatz müßte ihm China auch noch dankbar sein – von diesem einen zu pachtenden Handelsplatz an seiner Ostküste. Da traf bei ihm unvorhergesehen die Meldung ein, in einer chinesischen Provinz wären zwei deutsche katholische Missionare hinterrücks ermordet worden. Im Gefühlsbereich ohnehin hemmungslos, wie er nun einmal konstruiert war, verkündete er: „Ich bin fest entschlossen, unser hypervorsichtige, in ganz Ostasien bereits schwach angesehene Politik nunmehr aufzugeben und mit vollster Strenge und, wenn nötig, mit brutalster Rücksichtslosigkeit den Chinesen gegenüber endlich zu zeigen, daß der deutsche Kaiser nicht mit sich spaßen läßt, und es übel ist, denselben zum Feind zu haben.“

Die deutsche Admiralität hatte an Chinas Küste die Bucht von Kiautschau ins Auge gefaßt. Wo allerdings russische Seestreitkräfte vorübergehend ankerten. Einem Konflikt mit diesen entging man eher rein zufällig, weil sich dann bald die Russen in dem strategisch weit wichtigerem Port Arthur festsetzten. Und Wilhelm II. beorderte eine eigene Flottille in das ferne Ostasien, von der man nicht so recht wußte, ob sie eine Strafexpedition oder einen Zwangspachterwerb zu bewerkstelligen hätte. Persönlich verabschiedete er die Matrosen jener Flottille, indem er ihnen zurief: „Fahre darein mit gepanzerter Faust!“ Und deren Kommandeur, der Kaiserbruder Heinrich antwortete und versprach: „Das Evangelium Eurer Majestät geheiligten Person im Auslande zu verkündigen, zu predigen Jedem, der es hören will, und auch denen, die es nicht hören wollen.“

Der Export-Import-Handel über den auf 99 Jahre zwangsgepachteten Hafen Kiautschau einschließlich Tsingtau hätte wirtschaftlich vielleicht ganz vernünftig organisiert werden können. Ein Plusgeschäft wurde es trotzdem nicht. Seine Administrierung erforderte gleich zu Beginn einen Reichszuschuß von 10 Millionen Goldmark. Japan wie China hatte Wilhelm II. jedoch vor den Kopf gestoßen. Und die Russen, Franzosen, Engländer wußten nicht so recht, ob sie den Auftrumpfer fürchten oder ob sie über ihn lachen sollten.

Das Nationalbewußtsein der Chinesen in ihrem uralten, traditionsgesättigten Kulturreich war durch solche ausländischen Besetzungen und verschleierten Annexionen zutiefst verletzt worden. Faustkämpfer für Recht und territoriale Integrität schlossen sich im Lande zusammen, wandten sich gegen die unerwünschten Fremden aus Europa und überfielen schließlich das Pekinger Areal der ausländischen Diplomaten. Gleich zu Beginn der Belagerung jenes Botschaftsgeländes vom 20.6 bis 14.9.1900 wurde der deutsche Gesandte Klemens Freiherr von Ketteler ermordet. Als dann die chinesische Regierung auch noch offiziell den europäischen Mächten den Krieg erklärte, rüsteten diese zum unverzüglichen Gegenschlag, der mit der Besetzung Pekings am 16.8.1900 endete. Jenen Gegenschlag verübten russische, britische, sogar japanische und US-amerikanische Truppeneinheiten unter russischer Führung. Das Oberkommando jener Strafexpedition hatte Wilhelm II. für sich reklamiert und schon 19.6.1900 an Reichskanzler Bülow telegraphiert: „Peking muß regelrecht angegriffen und dem Erdboden gleichgemacht werden. Ich werde den Obergeneral stellen.“

Mit Verzögerung verabschiedete Wilhelm II. am 27.7.1900 das deutsche „Volldampf voraus“ - Expeditionskorps. Den Matrosen befahl er: „Pardon wird nicht gegeben. Gefangene werden nicht gemacht. Wer euch in die Hände fällt, sei euch verfallen! Wie vor tausend Jahren die Hunnen unter ihrem König Etzel sich einen Namen gemacht haben! Sorgt dafür, daß niemals wieder ein Chinese es wagt, einen Deutschen auch nur scheel anzusehen.“

Also nun Volldampf voraus! Der sich bereits als Weltmarschall fühlende, vom Kaiser noch schnell zum Generalfeldmarschall beförderte Graf Waldersee langte freilich in China zu spät an. Doch jene „Hunnenrede“ Wilhelms II. provozierte in vielen Ländern entweder heftige Empörung, sogar in Deutschland selbst beim einfachen Mann auf der Straße, oder verächtliches Gelächter über einen solchen exorbitant verschrobenen Monarchen.

Kiautschau, zuerst von den Russen besetzt, seit 1898 von den Deutschen verwaltet, 1914 von den Japanern erobert, fiel im Jahre 1922 an China zurück. Alles wie gehabt! Sinnloserweise unnötig viel Arbeitskraft aufgewandt und Geld verpulvert! Dazu eine weitere Blamage des bramarbasierenden deutschen Kaisers!

V. Burenkrieg

Nach dem Ende des chinesisch-japanischen Krieges 1904/05 sieht sich der Präsident der südafrikanischen Burenrepublik Transvaal, Paul Krüger, in Bedrängnis. Der Goldfunde in seinem niederländisch geprägten Lande wegen hatte die Transvaal-Regierung viele Ausländern, darunter auch Engländer ins Land geholt, die mit der benachbarten, britisch kolonialisierten Kap-Provinz sympathisierten. Außerdem war Transvaal in seinen Außenbeziehungen seit 1884 seitens Großbritanniens eingeschränkt. Krüger wollte den britischen Einfluß zurückdrängen, abschütteln. Doch nun erfolgte von der Kap-Provinz her am 29.12.1895 ein bewaffneter britischer Einfall in Transvaal unter der Leitung des Administrators der Chartered Company, Dr. Jameson. Am 31.12.1895 erhielt das deutsche Außenamt ein Telegramm des deutschen Konsuls in Pretoria: „Präsident Krüger rechnet auf Interventionen Deutschlands und Frankreichs.“ Bald schlugen sich die Buren tapfer gegen die britische Invasoren. Gleichwohl wollte Wilhelm II. deutsche Streitkräfte nach Transvaal senden mit dem Ziel, über diesem Land ein deutsches Protektorat zu errichten. Mit äußerster Mühe gelang es der deutschen Reichsregierung, dem Kaiser einen solchen halsbrecherischen Plan auszureden und ihn statt dessen zu veranlassen, ein Glückwunschtelegramm an den Präsidenten Krüger zu senden. Doch auch dieses verschnupfte in Großbritannien ungemein, weil man dahinter des Kaisers Absicht vermutete, den deutschen Kolonialbesitz in Afrika heimlich auszuweiten. Glücklicherweise verhielt sich das Deutsche Reich während des weiteren Ablaufs des Burenkrieges strikt neutral. Krügers Burenrepublik wurde 1902 dem britischen Kolonialverbund eingegliedert.

Anläßlich eines seiner Aufenthalte in Großbritannien hatte Wilhelm II. im Jahre 1908 einem britischen Gesprächspartner gegenüber unter anderem erklärt, während jenes Burenkrieges habe er selbst einen Feldzugsplan ausgearbeitet, bei dessen Verwirklichung britische Streitkräfte ihre Transvaalburengegner niederwerfen könnten. Eine solche Instinktlosigkeit steigerte der Autor des seinerzeitigen Krüger-Telegramm noch dadurch, daß er diesen Plan der Königin Viktoria, diese ihn der britischen Heeresleitung zugeleitet hätte. Und so wäre durch seine, Wilhelms, Kriegskunst jener Krieg in Südafrika entschieden worden.

Dieses Interview wurde im Daily Telegraph vom 28.10.1908 veröffentlicht. Dem die Engländer nun entnehmen durften, nicht ihren Generälen, sondern dem strategischen Genie des deutschen Kaisers hätten sie ihren Sieg über Transvaal zu verdanken. Zuerst darob schockiert, begannen sie jetzt ernstlich, an der geistigen Zurechnungsfähigkeit des Berliner Monarchen zu zweifeln. Weit verheerender der Eindruck jener Daily-Telegraph-Lektüre in Deutschland. Dieses Elaborat aus Perfidie und Dämlichkeit erregte die Menschen so, daß erstmals die Auslösung einer Gefahrenstufe für die leibliche Unversehrtheit des Kaisers in Betracht gezogen werden mußte. Selbst die weit rechts stehenden Reichstagsparteien forderten, daß Wilhelm II. endlich sein „persönliches Regiment" beende. Dementsprechend fiel die Erklärung des Reichskanzlers Bülow zu jenem Interview am 10.11.1908 vor den Reichstagsabgeordneten in deutlicher Schärfe aus: „Die Einsicht, daß die Veröffentlichung dieser Gespräche in England die von dem Kaiser gewollte Wirkung nicht hervorgerufen, in unserem Lande aber tiefe Erregung und schmerzliches Bedauern verursacht hat, wird den Kaiser dahin führen, fernerhin auch in Privatgesprächen die Zurückhaltung zu beobachten, die im Interesse einer einheitlichen Politik und für die Autorität der Krone gleich unentbehrlich ist. Wäre dem nicht so, so könnte weder ich noch einer meiner Nachfolger die Verantwortung tragen."

Dieser Rüffel eines seiner bisher treuesten und gehorsamsten Krondiener traf den eine Woche später von der Insel nach Deutschland heimkehrenden Kaiser so, daß er fast zusammenbrach, zumal eisige Ablehnung ihm auch seitens der Bevölkerung entgegenschlug. Wilhelm II. erwog jetzt sogar seine Abdankung, gelangte dann, wenn auch mühsam, zur Einsicht in sein grobes Fehlverhalten und autorisierte den Kanzler zu der öffentlichen Erklärung des Reichstag: „Demgemäß billigt der Kaiser die Ausführungen des Reichskanzlers im Reichstag."

Tatsächlich hat sich dann seit dem Jahre 1908 der gekrönte Vielquatsch wenigstens begrenzt an die eigene Kandare genommen.

VI. Bagdadbahn

Verbale Ausfälle sind denn auch kaum zu verzeichnen während des – nach Afrika, Ostasien, Burenkrieg – vierten Aktionismus, mit dem Deutschland über die Grenzen Europas hinausgriff.

Zentrum eines ständigen Spannungsfeldes war das Osmanische Reich. Eher peripher dessen ständige Feindschaft mit Griechenland. Zweitrangig auch seine Rückzugsgefechte gegen die Balkanstaaten, die nach jahrhundertlanger Okkupation und Oberhoheit der Türken dieselben nun endlich aus ihren Territorien hinauszudrängen versuchten.

Erstrangiger Problemauslöser hingegen die osmanische Herrschaft über die Meerengen Dardanellen und Bosporus mit ihrer maritimen Durchfahrtsmöglichkeit zwischen Schwarzem Meer und Mittelmeer in beiden Richtungen. Zunächst hatten die Türken die alleinigen Schiffahrtsrechte auf dem Schwarzen Meer beansprucht. Im weiteren Verlauf mußten sie dieselben mit anderen Interessenten teilen: seit 1774 mit Rußland, seit 1784 mit der Donaumonarchie Österreich-Ungarn, seit 1802 mit Napoleons Frankreich, 1803 mit Großbritannien und seit 1806 auch noch mit Preußen. In internationalen Verträgen wurde der Bereich des Schwarzen Meeres für allgemein neutral erklärt (Paris 1856) und später noch – London 1871 – Rußland Ankerung einer Kriegsflotte an seiner Schwarzmeer-Nordküste zugestanden.

Den neuralgischen Punkt bildeten gleichwohl die türkischen Meerengen Dardanellen und Bosporus. Und auf die freie Durchfahrtsmöglichkeit durch dieselben richtete sich insbesondere Rußlands Bestreben, darin von Bismarck 1878 unterstützt. Nach Bismarcks Abgang entwickelte die deutsche Politik ein freundschaftliches Verhältnis zum Osmanischen Reich, was nun wieder mit Rußlands Interessenlage kollidieren konnte. Erst viel später in dem Lausanner Kommissionsabkommen von 1923 ließ sich eine allgemeine freie Durchfahrt völkerrechtlich verankern.

Die Stützung der Türkei erfolgte freilich auch nicht ganz ohne eigennützige deutsche Interessen. Unter dem Expansionsdruck der gewaltig aufstrebenden deutschen Industrie bot Wilhelm II. dem türkischen Sultan den Bau einer strategischen wichtigen Eisenbahnlinie an, die vom anatolischen Konya bis hin zum Persischen Golf in einer Länge von 3200 Kilometern projiziert war. Auch um den deutschen Handelsaustausch mit den Nahostländern entscheidend zu fördern.

Nun wäre gegen ein solches rein technisches Großunternehmen – Schaffung der wichtigsten Landverbindung zwischen Europa und Vorderasien – nichts einzuwenden gewesen, wenn nicht Mutmaßungen aufgetaucht wären, daß diese Bagdadbahn nicht doch letztendlich deutschen militärischen Absichten dienen sollte, was ja bei einem Wilhelm II. nie so ganz auszuschließen wäre. So wirtschaftlich willkommen sich für das Osmanische Reich die 1903 begonnene Bagdadbahn auch anbot, so bedrohlich fühlten sich die anderen europäischen Großmächte an ihren Einflußsphären tangiert. Im Norden Rußland, im Süden die Kolonialmächte Großbritannien und Frankreich.

Glücklicherweise ließen sich während des energisch betriebenen Weiterbaues der Bagdadbahn die bereits in Umrissen erkennbaren Spannungsfelder wieder abbauen. Im Jahre 1911 einigten sich Deutschland und das Zarenreich auf den Anschluß einer eigenen russischen Bahnlinie an die Bagdadbahn. Mit Großbritannien wurde noch 1914 gegen die Absicht Wilhelms II. – „Das ist meine Bahn!“ – seitens der Reichsregierung vereinbart, daß die Engländer den Bau des Endstücks bis an den persischen Golf übernehmen sollten. So daß vom Resultat her die Deutschen an der Trassierung der Bagdadbahn nur mit etwa Dreiviertel beteiligt waren.

Doch selbst in dieser noch verhältnismäßig beherrschbaren osmanischen Problemlage erwies sich wieder einmal, wie schnell deutsche Interessen an die anderer europäischer Großmächte geraten konnten. Vielleicht hätte Wilhelm II. besser daran getan, sich dem massierten Ausdehnungsbedürfnis der deutschen Wirtschaft in heiklen Zonen energisch entgegenstemmen und sie auf die noch vielen anstehenden industriellen Entwicklungsvorhaben im eigenen Inland zu verweisen. Besser auf jenen heimtückisch täuschenden „Platz an der Sonne“ verzichten als eine sich heimlich formierende ausländische Fronde gegen Deutschland zu fördern!

War dem Kaiser inzwischen wirklich die heikle außenpolitische Position des Deutschen Reiches bewußt geworden inmitten der drei europäischen Großmächte Rußland, Frankreich und Großbritanniens?

VII. Rußland

Mit den Russen hatte er es gleich zu Beginn seiner Regentschaft verdorben, als er im Jahre 1890 Bismarcks Rückversicherungsvertrag nicht verlängerte.

Nun brauchte Rußland keine Rücksicht mehr auf seinen bisherigen deutschen Vertragspartner zu nehmen. Mit dem gleichen Recht, mit dem sich Deutschland vertraglich an die österreichisch-ungarische Doppelmonarchie band, paktierte es seit 1892 mit Frankreich. Doch dieser Pakt war der weitaus gefährlichere. Er bedeutete für das Deutsche Reich, sich im Zangengriff zwischen Rußland und Frankreich zu befinden. Schon deshalb konnte die nach Bismarcks Sturz hinaustrompetete Parole des jungen Kaisers nicht stimmen: „Der Kurs bleibt der alte."

Bis zum Wendejahr 1890 existierten zwischen Deutschland und Rußland keine Problemlagen, auch keine militärischen. Unverrückbar stellte sich für Bismarck der östliche Nachbar als ein „unzerstörbares Reich russischer Nation" dar. Gegen das etwa einen Präventivkrieg zu führen, an politische Hirnrissigkeit grenzen mußte. Umgekehrt sah Rußland in den deutschen Heeresstreitkräften eine nahezu unüberwindliche Macht. Zumindest so lange, als sie von dem militärstrategischen Genie eines Helmut von Moltke gesteuert wurde. Unmittelbar zwischen beiden Staaten ließ sich keinerlei Konfliktstoff finden oder erfinden. Sollte eine Trübung ihres Verhältnisses zueinander eintreten, so konnte das eigentlich nur durch Einbeziehung eines dritten Staates erfolgen.

Prinzipiell galt das auch nach der Nichtverlängerung des Rückversicherungsvertrages. Abgesehen von einem Angriff Deutschlands auf Frankreich hätte St. Petersburg – in welch gearteter Lage auch immer – niemals zu einer Mobilmachung gegen die europäische Zentralmacht aufgerufen. Allerdings waren klimatische Verschlechterungen nicht ausgeschlossen. Russische Kreise verhielten sich gelegentlich instinktlos. Von deutscher Seite her bürgte schon das unausgegorene Temperament eines Wilhelms II. für Irritationen.

So drohte der Kaiser ohne ersichtlichen Anlaß ausgerechnet auf ostpreußischen Boden im Jahre 1890 allen eventuellen Gegnern des Deutschen Reiches an eine Lehre, „welche sie in hundert Jahren nicht vergessen werden". Sollte die russische Antwort auf solch markigen Spruch darin bestehen, daß die Franzosen in die Ostsee eingeladen wurden? Jedenfalls erschien am 24.7.1891 ein französisches Flottengeschwader im Hafen von Kronstadt und wurde seitens der russischen Bevölkerung jubelnd begrüßt. Und das trotz 1812! Der Zar Alexander III. ließ die republikanisch-französische Nationalhymne abspielen und zog dazu seinen Staatshut. Die Marseillaise also, Kampflied der Jakobiner, die 1793 den französischen König Ludwig XVI. guillotiniert hatten! Im Folgejahr 1892 schlossen beide Nationen ihren Beistandspakt. Und im Folgejahr darauf ankerte ein russisches Geschwader im Hafen von Toulon, wo des Zaren Seeleute nun ihrerseits von den republikanischen Franzosen gefeiert wurden. Nun also wußten die Europäer endgültig, daß sich Rußland und Frankreich wechselseitig bewaffnete Hilfe für den Fall zugesagt hatten, wenn einer von ihnen seitens Deutschlands angegriffen würde.

Zar Alexanders III. Eindruck von Wilhelm II.: „Ebenso verlogen wie schlecht erzogen." Er starb am 1.11.1894. Sofort suchte der Hohenzoller Kontakt zu dessen Nachfolger, zu dem neuen Zaren Nikolaus II. Er kannte ihn aus Jugendtagen und wollte nun mit aller Intensität auf den um fast ein Jahrzehnt Jüngeren auch politisch einwirken. Das nahm dann wieder das Ausmaß an, daß die Zarin, ehedem eine hessische Prinzessin, dagegen heftig protestierte. Jedenfalls versuchte bald danach etwa zur Zeit des Krüger-Telegramms Wilhelm II., den jungen Zaren für den Plan zu gewinnen, gemeinsam mit Frankreich eine Kontinentalunion gegen Großbritannien zu schmieden „für die gemeinsame Verteidigung unserer bedrohten Interessen." Doch die beiden Anderen lehnten ab, und Wilhelm II. Initiative wurde auf der Insel publik. Dort machte sich folgerichtig eine andauernde Verstimmung breit; man begriff nicht so recht, was den – wohl gar nicht so ernst zu nehmenden – Kaiser plötzlich zu einem so perversen Aktionsvorschlag bestimmt haben mochte. Auch deshalb verpaßte Queen Viktoria ihrem Enkel in Deutschland einen schriftlichen Rüffel, vorrangig freilich wegen dessen Einmischens in Jamesons Attacke gegen Transvaal. Denn Großmama war die einzige Person, die es sich erlauben durfte, an seinem übersteigerten Selbstbewußtsein zu kratzen. Der Enkel entschuldigte sich bei ihr telegraphisch mit Ausflüchten und hatte noch einigermaßen Glück, daß die Affäre fürs Erste im Sande verlief.

Im August 1897 fand – diesmal in St. Petersburg – eine Begegnung zwischen Zar Nikolaus II. und dem französischen Staatspräsidenten statt, in deren Verlauf Beide die Freundschaft zwischen ihren „nations amies et alliées" hochleben ließen. Ab jetzt überkam Wilhelm II. das sichere Gespür, daß sich Nikolaus II. nicht nur seiner Einflußnahme konsequent entzog, sondern – wenn auch noch nicht bedrohlich – massierte Truppenkonzentrationen an seiner Westgrenze zu Deutschland anordnete. Davon zeugt im Jahre 1898 Wilhelms II. Fußnote zu dem Bericht des deutschen Botschafters in London, des Grafen Hatzfeldt, über dessen Unterredung mit dem britischen Kolonialminister: „Ch(amberlain) darf nicht vergessen, daß ich in Ostpreußen einem preußischen Armeekorps gegenüber drei russische Armeen und neun Kavalleriedivisionen hart an der Grenze stehen habe, von denen mich keine chinesische Mauer trennt, und die kein englisches Panzerschiff mir vom Leibe hält." Auch deshalb erklärte er nur höchst widerwillig seine Teilnahme an der von Nikolaus II. initiierten I. Haager Weltfriedenskonferenz vom Mai bis Juli 1899.

Im Jahre 1907 fanden sich die beiden europäischen Großmächte, die sich gleichzeitig als Weltmächte betrachten durften, zu einem geopolitischen Akkord. In einem Vertrag vom 31.8.1907 lösten sie die zwischen ihnen schwebenden mittelasiatischen Streitfragen. Ungeachtet der riesenhaften Entfernungen wollte Großbritannien ein Vordringen Rußlands gegen Indien blockieren. Rußland seinerseits bekundete sein Interesse an Erdölvorkommen in dem förderträchtigen orientalischen Raum. Und Beide betrachteten mit leichter Sorge den so vehement vorangetriebenen Bau der deutschen Bagdadbahn. In Mittelasien vor allem gelang eine Abgrenzung in eine südliche britische und eine nördliche russische Einflußsphäre. Doch es steckte noch mehr dahinter: unter Ausblendung Deutschlands hatten Beide auch im europäischen Bereich gemeinsame Interessen entdeckt. Und so nahm denn die baldige Begegnung zwischen Nikolaus II. und König Eduard VII. von Großbritannien am 9.6.1908 in Reval ihren Lauf. Letzterer konnte sich hinfort ganz sicher sein, daß kein hektischer russischer Flottenausbau die globale maritime Dominanz Großbritanniens beeinträchtigen würde.

Vorübergehend wich der russische Druck auf das Deutsche Reich. In Fernost war es zu Kriegshandlungen zwischen Rußland und dem japanischen Kaiserreich gekommen. Die Russen erlitten 1904 eine Niederlage nach der anderen. Ihre pazifische Flotte wurde total vernichtet. Gegen Jahresende mußte Rußlands Ostseeflotte die Fahrt um den halben Globus antreten, um in Ostasien einzugreifen. Inzwischen mußten am 2.1.1905 die Russen in ihrer Enklave Port Arthur vor den Japanern kapitulieren. Am 10.3.1905 traten sie bei Mukden den sie niederdrückenden Rückzug an. Und am 28.5.1905 wurde auch noch die Ostseeflotte auf den Grund des ostasiatischen Meeres geschickt. Dieses katastrophale Debakel löste im Inneren Rußlands erhebliche revolutionäre Zuckungen aus, die sich nur schwer unter zaristische Kontrolle bringen ließen.

Wohl auch unter Ausnutzung dieses so entstandenen Schwächezustands wagte es 1908 die Donaumonarchie Österreich-Ungarn, die beiden von ihr seit 1878 bisher nur verwalteten Provinzen Bosnien und Herzegowina ihrem Staatsverband annexionsmäßig einzugliedern. Doch die entsprechende Eingriffsdrohung Rußlands vermochte in der Zukunft durchaus noch ins Aktionsträchtige umzuschlagen. Anläßlich einer Begegnung zwischen Wilhelm II. und Nikolaus II. im Jahre 1910 gelang es nicht, den neuerlichen Drang St. Petersburgs nach Westen und Südwesten zu mildern. Und im Februar 1914 mußte das deutsche Außenministerium einer ihm übermittelten Denkschrift des Generalstabes entnehmen: „daß die Kriegsbereitschaft Rußlands seit dem japanischen Krieg ganz ungeheure Fortschritte gemacht und heute eine Höhe erreicht hat wie nie zuvor.“

VIII. Donaumonarchie

Ausgelöst hat den I. Weltkrieg 1914-1918 der politisch am schwierigsten zu erfassende Staat Europas: die Donaumonarchie Österreich-Ungarn. Seit dem fortschreitenden Mittelalter regiert von dem Geschlecht der Habsburger, die dann auch regelmäßig den gewählten Kaiser im heiligen Römischen Reich deutscher Nation stellten, hatte Österreich vor allem durch vorteilhafte Heiraten - tu, Austria, nube! – sein Territorium nach allen Richtungen hin vergrößert. Wie auf einem Fleckerlteppich sammelten sich alle möglichen Volksstämme unter Habsburger Krone. Die Ungarn blieben auch dann Österreichs wichtigster Partner, als die Habsburger nach der verlorenen Schlacht Königgrätz 1866 aus dem deutschen Reichsverband herausgedrängt wurden. Zu Beginn des 20. Jahrhunderts präsentierte sich die Donaumonarchie als ein bereits in seinen Fugen krachender Vielvölkerstaat, der unglückseligerweise auch noch in die permanenten Balkanproblematiken verstrickt, jetzt aufpassen mußte, wie er den jeweils auftauchenden ethnischen Gefährdungen zu begegnen vermochte.

An der Spitze der österreichisch-ungarischen Donaumonarchie – im Folgenden kurz als Österreich bezeichnet – stand seit Jahrzehnten der altehrwürdige Kaiser Franz Joseph mit weißem Vollbart, der sich als Schirmherr eines römisch-katholischen Staatsgebildes verstand, vor allem zusammengehalten durch jene gemeinsame Glaubenskonfession; die Südpolen, die meisten Ungarn, Tschechen, Slowaken, Kroaten, Slowenen und etliche Italiener mit den eigenen Deutschen in den Erblanden unter einem Szepter vereinend.

Doch schon beim Wechsel vom 19. ins 20. Jahrhundert hatte die Religion weithin ihre prägende Kraft verloren. Und die jeweilige Religionszugehörigkeit bürgte nicht mehr für einen loyalen Kontakt zur Zentrale Wien. Völkische Differenzierungen brachen im gesellschaftlichen Zusammenleben innerhalb der Monarchie auf. Schlimmer noch: rassische Unterschiedlichkeiten bestimmten vielerorts aufbrechende Unruhen. Mehr und mehr offenbarte sich die fundamentale Krise des Vielvölkerstaates und nahm auch den Habsburger Kaiser davon nicht mehr aus.

Da muß man schon einmal den Nationenspiegel Österreichs – beispielsweise den von 1910 – sich vor Augen halten. Im österreichischen Gesamtverband machten bevölkerungsquotenmäßig die Deutschen nur 23% aus, noch weniger die Ungarn mit 19%. Tschechen und Slowaken bestritten 16%, Kroaten und Südpolen je 10%. Das restliche Fünftel entfiel auf Ukrainer, Slowenen und Italiener. Rassisch betrachtet stellten die Slawen mit etwa 22 Millionen Einwohnern einen höheren Anteil als Deutsche und Ungarn.

Und die Slawen betrieben seit dem Ende des 19. Jahrhunderts ihren eigenen Zusammenschluß. Treibende Kraft dazu waren die außerhalb Österreichs fortgesetzt Unruhe provozierenden Serben, welche andere Südslawen wie Kroaten, Bosnier, Slowenen, möglichst auch noch Bulgaren zusammenfassen wollten mit den westslawischen Tschechen, Slowaken und Polen. Machtvoll sollte ein panslawistischer Staat entstehen. Unter dem ostslawischen Großen Bruder Rußland als seinem Schutzherrn.

Man wird verstehen, daß schon deshalb die Tage bzw. Jahre der Donaumonarchie gezählt sein mußten. Zumal nun auch noch die bisherige islamische Okkupationsmacht über die Balkanvölker, das osmanische Reich, nach und nach aus dem Balkangebiet hinausgeprügelt wurde. Begreiflich auch, daß bei solch explosiver Gemengelage Österreich mit seiner ethnisch deutschen Minderheit, aber Mehrheit in den meisten maßgeblichen Staatsfunktionen, Anlehnung suchte bei dem Deutschen Reich.

Bismarck waren die dadurch aufgebrochenen Gefahrenquellen voll bewußt gewesen. Auf dem Berliner Kongreß 1878 hatte der große Staatsmann die kritische Lage recht und schlecht als „ehrlicher Makler" entschärft. Rumänien, Serbien und Montenegro erhielten ihre Unabhängigkeit. Bosnien und die Herzegowina wurden unter österreichische Verwaltung gestellt.

Doch das 1882 zum Königreich erhobene Serbien propagierte unablässig seine panslawistische Aggressionen mit ungestümer Stoßkraft. Während Kroatien nur einen selbstständigen südslawischen Verbund innerhalb Österreichs anstrebte. Diese Divergenz war wohl ein letzter Reflex konfessioneller Gegnerschaft zwischen dem griechisch-orthodoxen Serbien und dem noch überwiegend römisch-katholischen Kroatien. Jedenfalls bot Serbien für das orthodoxe Rußland den Hebel auf dem Balkan.

Die ohnehin schon kritische Situation Österreichs verkomplizierte sich noch durch die Existenz des südwestlich benachbarten Italiens. Da dieses eigene Ambitionen im Mittelmeerraum hegte, deswegen momentan mit Frankreich im Spannungsverhältnis lebte, hatte Bismarck einen Dreibund zwischen dem Deutschen Reich, der Donaumonarchie und Italien vorgeschlagen in der Hoffnung, ein vielleicht späteres Abdriften der Apenninhalbinsel zu Frankreich zu vereiteln.

Am 20.5.1882 wurde jener Dreibund für zunächst fünf Jahre geschlossen. Seine Verlängerung im Jahre 1887 machte Italien jedoch von der Aufnahme einer Klausel in den Vertragstext abhängig: Österreich müsse sich im Falle eigenen Vorgehens und Territorialerwerbs auf dem Balkan dazu verpflichten, sich zuvor mit Italien darüber zu verständigen und ihm einen gleichwertigen Erwerb im Kompensationsweg zu vermitteln.

Im weiteren Zeitablauf entwertete sich jener Dreibund von selbst. Italien und Frankreich schlossen 1902 einen Neutralitätsvertrag miteinander ab. Österreich annektierte 1908 Bosnien und die Herzegowina ohne Kompensationsleistung an Italien. Rußland, das in der Mitgliedschaft Italiens einen unfreundlichen Akt mit Dauerwirkung gegen sich und in der zeitweise erwarteten Dreibunderweiterung durch Großbritannien als vierten Bündnispartner sogar eine Bedrohung mutmaßte, begann Italien und dessen erstrebten Kolonialerwerb von Tripolis zu unterstützen. Der erfolgte denn auch im Jahre 1911, wohlwollend begleitet von Rußland und sogar Frankreich, daß sich Jahre zuvor Tunis kolonial einverleibt hatte.

So kam denn die spätere Dreibundverlängerung vom 5.12.1912 mit einer Laufzeit bis 1920 einer politischen Farce gleich. Als 1914 der Konflikt zwischen Rußland und Österreich und in dessen Gefolge der I. Weltkrieg ausbrach, kündigte Italien jedwede vertragliche Hilfeleistung auf. Dabei berief es sich auf jene Klausel in der Vertragsverlängerung von 1887; Österreich hätte jenen Artikel des Vertragstextes verletzt, da es die ihm darin auferlegte Kompensationsleistung nicht erbracht hätte. Der Sinn des Dreibundes, auch Italien müßte einem – in diesem Fall von Rußland – angegriffenen Österreich beistehen, verkehrte sich im Folgejahr 1915 in sein Gegenteil: Italien trat an der Seite der Entente Frankreich-Großbritannien in den Krieg ein und fiel dem kämpfenden Österreich in den Rücken. Allerdings neigten von Anbeginn an die meisten Italiener – auch aufgrund Tunis – in der Sympathiegewährung Frankreich zu und hatten bündnisvertragliche Verpflichtungen gegenüber Österreich als ein geradezu widernatürliches Engagement empfunden.

Auf deutscher Seite erkannte man – zu Bismarcks wie auch zu später Wilhelm II. Zeiten – durchaus realistisch jene besorgniserregende politische Situation auf dem Balkan auch ohne die nach Südosten abgeschobenen Türken. Die deutsche Interessensachse verlief südöstlich von Berlin über Wien und Budapest Richtung Bulgarien, die russisch-panslawistische Interessensachse verlief von St. Petersburg oder Moskau über Südpolen, Serbien, Montenegro zur Adria. Beide Achsen mußten sich über der Donaumonarchie kreuzen. Inwieweit durfte, sollte, mußte sich da – abgesehen vom Dreibund – das Deutsche Reich im Österreich des Kaisers Franz Joseph engagieren? Sollte es als dessen Bündnispartner die Herausforderung des aggressiven Serbiens annehmen? Oder sollte es zwischen den Slawen einerseits und den Steiermärkern und Kärtnern andererseits eine Art Cordon sanitaire ziehen, um dort die deutschen Brüder abzuschirmen? Jedenfalls entwickelte sich die Donaumonarchie zunehmend zu einem Pulverfaß. Schon im Jahre 1891 äußerte sich anläßlich einer zufälligen Begegnung ein französischer General zu einem deutschen General: „Es bedarf nur eines Zwischenfalles auf dem Balkan, um den friedlichen Kaiser von Rußland zu zwingen, gegen Österreich den Krieg zu beginnen.“

Zunächst schien sich das Verhältnis zwischen Rußland und Österreich noch einmal zu entspannen. Im Mai 1897 vereinbarten St. Petersburg und Wien die Aufrechterhaltung des Status quo im gesamten Balkanbereich. Sogar eine in die Details gehende Verständigung wurde 1903 zwischen ihnen im sogenannten Mürzsteger Abkommen erreicht.

Doch die panslawistische Hetze, vor allem in den intellektuellen Schichten, nahm immer akzentuiertere Formen an. Im Jahre 1844 hatte der Demagoge Garaşamin ein „Großserbisches Programm“ verkündet: Zusammenschluß aller südslawischen Völkerschaften unter serbischer Führung, zunächst noch innerhalb der Donaumonarchie. Dieses Programm propagierte das im Jahre 1882 zum Königreich erhobene Serbien unter dem König Peter I. jetzt mit noch weit intensiverer Energie und Stoßkraft gegen Wien. Serbien wollte noch mehr. Nach vorläufigem Interessenausgleich mit Kroatien beabsichtigte es, unter Einbeziehung der südslawischen Brüder in Bosnien und Herzegowina weiter nach Westen vorzustoßen, um sich den lang ersehnten Seehafen an der ostadriatischen Küste zu erobern. Erst viel später gelang es im Zuge der allgemeinen Entschärfung der Balkankrise im Jahre 1913 auf der Londoner Botschafterkonferenz, an der Ostküste der Adria ein islamisches Fürstentum zu etablieren, das dann seinerseits einen bescheidenen Handelshafen Serbien zur Verfügung stellte.

Doch zunächst schellten 1908 alle Alarmglocken. Kraft internationaler Vereinbarung auf dem Berliner Kongreß 1878 war Österreich die Administration der beiden türkischen Provinzen Bosnien und Herzegowina zugesprochen worden. Um jetzt ein für allemal Serbiens querkommende Vorstoßgelüste zu bremsen und zu blockieren, entschloß sich Österreich, beide Provinzen auch formal zu annektieren. Der faktische Unterschied war nicht groß. Vor allem verkehrsstrukturmäßig sollten beide Provinzen weiterentwickelt werden. Aber eine solche Annexion bedeutete eben nun einmal doch eine einseitige Verletzung des internationalen Vertrages von 1878, insbesondere seines Artikels XXV.

Daß sich das als Serbiens Schutzmacht fühlende Rußland jetzt nicht sofort eingriff, lag – wie bereits hervorgehoben – an seiner durch den verlorenen Krieg gegen Japan verursachten, momentan immer noch anhaltenden militärischen Schwächung. Es mußte sich zu einer diplomatischen Fühlungsnahme mit Österreich bequemen. Am 16.9.1908 trafen sich der russische Außenminister Iswolsky mit dem seit 1905 amtierenden österreichischen Außenminister Aehrental. Iswolsky wollte die bosnische Annexion auf sich beruhen lassen, falls kompensationshalber Österreich sich bereit erklärte, Rußlands Anspruch auf freie Durchfahrt seiner Kriegsschiffe durch Bosporus und Dardanellen zu unterstützen. Aehrental stellte sich hinter die russische Forderung, was nun wieder der schon als halber Schirmherr der Türkei sich fühlende Wilhelm II. nicht so gern sah. Doch die geopolitisch bedingte Wut löste in St. Petersburg die Gegenbedingung Großbritanniens aus: russische Kriegsschiffe dürften nur dann ungehindert Bosporus und Dardanellen passieren, wenn in Gegenrichtung von Süd nach Nord britische Kriegsschiffe ins Schwarze Meer hineinfahren dürften. Das wiederum wollte Rußland auf jeden Fall verhindern.

Die nächste Erschütterung in Südosteuropa verursachten die beiden Balkankriege 1912/13. Die südslawischen Staaten wollten die Türken vor allem aus Montenegro herausdrängen und bekämpften sich anschließend untereinander wegen der Aufteilung der montenegrinischen Beute. Die an alle Fronten zurückgeworfene Türkei vermochte gerade einmal ihre letzten Bastionen vor Konstantinopel zu halten.

Wilhelm II., der sich in jener Konfliktsphase ausnahmsweise einmal diplomatisch zurückhaltend verhalten hatte, gab eher unbemerkt seine bisherige Stützung des von Schwäche gezeichneten osmanischen Reiches auf. Seinen überflüssigen Kommentar zum Balkankrieg mußte er dennoch liefern: „Es ist besser, er erfolgt jetzt, - wo er Rußland und Gallien nicht paßt - , weil Beide noch nicht gegen uns fertig sind, als später. Es komme ruhig zum Kriege. Da werden ja die Balkanstaaten mal zeigen, was sie zu leisten fähig sind. Schlagen sie entscheidend die Türkei, dann hatten sie recht, und ihnen gebührt eine gewisse Belohnung. Die Orientfrage muß mit Blut und Eisen gelöst werden."

Durch das energische Eingreifen Großbritanniens ließ sich eine Ausweitung jener Balkankriege verhindern. Doch das von Rußland gehätschelte Serbien hatte Flagge gezeigt, und Österreich hatte mittelbar an machtausstrahlender Bedeutung verloren. Rußland zog auf seine Weise 1913 das Fazit mit der bedrohlichen Formulierung: „Die Türkei, der kranke Mann Europas, ist gestorben. Der nächste Kranke ist Österreich-Ungarn mit seinen 22 Millionen Slawen." Doch auch Wilhelm II. zeigte sich keineswegs kriegsmüde: „Die ewige Betonung des Friedens bei allen Gelegenheiten – passenden und unpassenden – hat in den 43 Friedensjahren eine geradezu eunuchenhafte Anschauung unter den leitenden Staatmännern und Diplomaten Europas gezeitigt."

Nur: Wer von Beiden befand sich da in der günstigeren Ausgangsposition? Rußland ließ durch Serbiens Panslawisten unter dem Boden der Donaumonarchie wühlen. Deutschland riskierte die mit Rußland mühsam erzielte politische Entspannung, wenn es einen Präventivschlag Österreichs gegen Serbien deckte. Wenn es ihn aber nicht deckte, gefährdete es nicht nur sein stabiles Österreich-Bündnis, sondern darüber hinaus im Falle dessen Zusammenbruchs eine bedrohliche offene Flanke an seinen Südgrenzen. Nicht St. Petersburg, wohl aber Berlin stöhnte unter solchem Dilemma. Und da machte es sich der deutsche Botschafter in Wien, Herr von Tschirschky, wahrhaftig zu leicht, als er kurz vor Ausbruch des I. Weltkrieges ausrief: „Wie oft lege ich mir in Gedanken die Frage vor, ob es sich wirklich noch lohnt, uns so fest an dieses in allen Fugen krachende Staatsgebilde anzuschließen, und die mühsame Arbeit weiter zu leisten, es mit fortzuschleppen."

IX. Frankreich

Seltsamerweise griff zwischen dem Deutschen Reich und seinem – anscheinend – erbittersten Gegner Frankreich seit 1870/71 keine Konfliktsträchtigkeit um sich. Jedenfalls nicht insoweit, als sich Landmacht und Landmacht als solche gegenüberstanden. In seiner berühmten Reichstagsrede 11.1.1887 hatte Bismarck mit nicht mehr zu überbietender Eindeutigkeit klipp und klar konstatiert: „Wir werden Frankreich nicht angreifen, unter keinen Umständen." Auch nicht präventiv: „Wir haben keine kriegerischen Bedürfnisse, wir gehören zu den saturierten Staaten, wir haben keine Bedürfnisse, die wir durch das Schwert erkämpfen könnten."

Dennoch vermochten viele Franzosen den verlorenen Krieg von 1870/71 nicht zu überwinden. Unter den französischen Politikern sann vor allem der als Chefminister bereits 1879/80, 1882 und 1886 fungierende Charles de Freycinet auf Rache. Da Kaiser Wilhelm II. leichtfertigerweise den deutschen Rückversicherungsvertrag mit Rußland nicht verlängert hatte, erspähte Freycinet während seiner letzten Ministerpräsidentschaft 1890-1892 die Chance, mit dem sich durch Deutschland brüskiert fühlenden Rußland einen effektiven Bündnisvertrag abzuschließen. Danach gingen Beide geduldig daran, auch noch die dritte europäische Großmacht gegen Deutschland aufzubringen.

Bereits im Juli 1893 war das auf Vergrößerung seines Kolonialgebietes versessene Frankreich in Siam auf Großbritannien gestoßen. Doch der sich bereits abzeichnende Konflikt ließ sich wieder beilegen. Ernster wurde es fünf Jahre später im südlichen Ägypten, wo sich Frankreich festsetzen wollte. Den Besitz dieses geopolitischen Schlüssellandes ließ sich die Kolonialsupermacht jedoch nicht streitig machen. Gegen die französischen Expeditionstruppen drangen die britischen im November 1898 nilaufwärts bis zu dem Dorfe Faschoda vor. Die Franzosen sahen sich militärisch als Verlierer. Doch die in kluger Diplomatie geübten Briten boten im Folgejahr eine Abgrenzung der beiderseitigen Kolonialinteressen an. Während sie in Ägypten blieben, liehen sie Frankreich ihre Unterstützung hinsichtlich des diesem weit näher gelegenen Sultanats Marokko, ebenfalls an der Mittelmeer-Südküste. Am 21.3.1899 akzeptierte Frankreich das „gentleman agreement".

In der politisch-strategischen Nachfolge Freycinets betrieb der hochbefähigte Außenminister Théophile Delcassé seit 1899 eine weitere Annäherung Frankreichs an Großbritannien. Letzteres, durch Deutschlands Flottenrüstung sich zunehmend bedroht fühlend, begünstigte Delcassé Offerten. Nach wenigen Jahren war es so weit: am 8.4.1904 schlossen Beide miteinander ein weitreichendes Kolonialabkommen, das sich zu einer regelrechten Entente cordiale entwickeln sollte. Faschoda war längst vergessen. Die Einsätze beider Flotten wurden aufeinander abgestimmt. Der französische und der britische Generalstab hielten – seit 1906 in regelmäßigen Abständen – gemeinsame Beratungen ab, in denen Einsätze für den Ernstfall ventiliert wurden. In jenem Vertragsjahr 1904 gestand Delcassé einem seiner diplomatischen Gehilfen: „Ich habe schon lange von der englisch-französischen Allianz geträumt. Aber die Idee stammt nicht von mir. Ich habe sie von Gambetta übernommen, und Sie kennen meine Verehrung für diesen großen Patrioten. Ich habe keinen anderen Ehrgeiz, als sein Werk fortzusetzen. Die englisch-französische Allianz ist mir nie aus dem Sinn gekommen, selbst nicht während der Faschoda-Krise."

Gestützt auf einen so mächtigen Beistand und durch Vertrag mit Italien zusätzlich abgesichert, wandelte Frankreich im Jahre 1905 Marokko faktisch in ein eigenes Protektorat um. Das nun empörte den daran völlig unbeteiligten deutschen Kaiser derart, daß er wähnte, dem Sultan in Fez beispringen zu müssen. Und so stieg er in ein deutsches Schiff, befahl „Volldampf voraus!" und landete am 31.3.1905 im marokkanischen Tanger. Doch welche Aktionen sollte er nun dort vom Stapel lassen? Die Weltöffentlichkeit, ob jenes Auftritts zunächst perplex, begann wieder einmal, am Geisteszustand des sich so theatralisch gebärdenden Wilhelm II. zu zweifeln, bis am Schluß das verhaltene Gelächter über ihn überwog.

Auf dessen Drängen hin lädt der Sultan zu einer international besetzten Konferenz ein, die im Januar 1906 in Algeciras eröffnet und Ende März abgeschlossen wird. Wie bisher blieb Frankreich die Kompetenz für die sicherheitstechnische Infrastruktur in Marokko ebenso zugestanden wie Deutschland der freie Warenhandel mit dem Land. Alles wie gehabt! Doch kein vernünftiger Mensch vermochte die Aufregung zu begreifen, die der sinnlose martialische Auftritt des Kaisers rundum ausgelöst hatte. Der deutsche Außenstaatssekretär damals zu dem Grafen Zedlitz, dem Hofmarschall Wilhelm II.: „Wir leiden eben alle am Kaiser, er ist das uns auferlegte Kreuz."

Als im Jahre 1911 Unruhen in Marokko ausbrechen, die Frankreich mit militärischen Mitteln unterdrückt, glaubt Wilhelm II. abermals, dem Sultan seine Hilfe angedeihen lassen zu müssen. Um nicht noch einmal eine persönliche Blamage zu riskieren, steigt er diesmal nicht in ein Schiff, sondern schickt mit „Volldampf voraus!"

lediglich ein Kanonenboot los, das an der westmarokkanischen Küste Anker werfen soll. Bekannt wurde diese so kuriose wie unverständliche Unternehmung als „Panthersprung von Agadir.“ In einem „Abkommen“ vom November 1911 mußte Deutschland erneut Frankreich freie Hand in Marokko lassen und handelte sich dafür wertloses Kongogebiet ein. Erneutes Kopfschütteln in Europa über Wilhelm II. unverständliche Demonstration. Doch diesmal ließ es Großbritannien, das sich sofort spontan hinter Frankreich gestellt hatte, nicht an einer deutlichen Drohung an die Berliner Adresse fehlen. Die zugleich eine kaum verhüllte diplomatische Niederlage Deutschlands signalisierte. Daß zugleich der Haß in Frankreich auf das Nachbarland mit einem solchen Kaiser an der Spitze wuchs, verstand sich da von selbst.

X. Großbritannien

Die dritte europäische Großmacht, mit der das deutsche Reich seit Bismarcks Zeiten zu rechnen hatte, war Großbritannien. Während der Regierungszeit des großen Kanzlers waren nennenswerte Störungen zwischen den beiden Staaten nicht zu verzeichnen. In London registrierte man sehr wohl, daß Bismarck nur höchst widerwillig Schutzbriefe für die von ehrgeizigen, unternehmungsfreudigen deutschen Großkaufleuten zusammengekauften Landflächen an diversen afrikanischen Küstenstreifen ausstellen ließ. Ein deutsches Kolonialreich das zudem keinerlei wirtschaftliche Vorteile einbrachte, war dem Kanzler zuwider, und er witterte darin nur Differenzen und Auseinandersetzungen mit der Kolonialsupermacht Großbritannien voraus.

Wilhelms II. Mutter, Ehefrau des Neunundneunzigtagekaisers Friedrichs III., war die Tochter der englischen Queen Viktoria. So kam es, daß der junge Wilhelm bereits geraume Zeit vor seiner Thronbesteigung öfters drüben auf der Insel weilte und sich zeitweise schon als halber Engländer fühlte. Mit besonderem Stolz trug er es zur Schau, daß die Großmutter ihn sogar zum Ehrenadmiral der britischen Flotte – Admiral of the fleet – ernannt hatte. Enthusiastisch dankte er ihr: „Es hat Mir wirklich eine gewaltige Freude gemacht, daß Ich Mich jetzt Deiner Flotte zugehörig fühle und Interesse für sie haben kann, als ob sie Meine eigene wäre." Doch schon damals ging er durch sein unstetes, fahriges Wesen, oft auch durch seinen unkonzentrierten Redeschwall seiner englischen Umgebung auf die Nerven. Beizeiten begriff Wilhelms Onkel, Sohn der Königin Viktoria, Thronfolger und seit 1901 englischer König, das Unberechenbare, das in sich Widersprüchliche, auch jenes mehr Schein als Sein im Charakterbild seines Neffen. Ihm jedenfalls schwante nichts Gutes, als sich dieser jugendliche leicht beeinflußbare Heißsporn die deutsche Kaiserkrone aufs Haupt setzte. Im August 1906 äußerte sich Eduard VII. in Paris zu Delcassé: „Durch seine unglaubliche Eitelkeit fällt mein Neffe auf alle Speichelleckereien der Nationalisten seiner Umgebung herein. Die ihm immer wieder versichern, er sei der größte Souverän der Welt und müsse die Suprematie über sie errichten. Da aber seine Feigheit noch größer ist als seine Eitelkeit, so wird er vor diesen Schmeichlern zittern, wenn sie ihn unter dem Druck des Generalstabes auffordern werden, den Degen zu ziehen. Er wird nicht den Mut besitzen, sie zur Räson zu bringen. Er wird sich ihnen jämmerlich unterwerfen. Er wird den Krieg entfesseln, nicht aus eigen Initiative, nicht im kriegerischen Elan, sondern aus Schwäche."

Nach 1890 verfolgte Wilhelm II. zunächst den Bismarckschen Plan, Großbritannien den Beitritt zum Dreibund Deutschland-Österreich-Italien schmackhaft zu machen. Doch auf der Insel zögerte man. Das Angebot des britischen Premierministers Lord Rosebery vom Frühjahr 1894, eine beiderseitige Zusammenarbeit unter Ausgrenzung Rußlands zu intensivieren, fand nun wieder in Berlin keinen Widerhall. Am 29.3.1898 unterbreitete der britische Kolonialminister Joseph Chamberlain in London dem deutschen Botschafter Hatzfeldt das Angebot eines Defensivbündnisses für die nächsten Jahre. Während Wilhelm II. noch in Unschlüssigkeit verharrt, eröffnet Chamberlain dem Botschafter bald danach: „Es würde für England, wenn es auf die seiner Ansicht nach naturgemäße Allianz mit Deutschland verzichten müsse, keine Unmöglichkeit sein, mit Rußland oder mit Frankreich zu einer Verständigung zu kommen.“ Interessant an dieser Aussage ist nicht so sehr die versteckte Drohung vielmehr die Formulierung „naturgemäße Allianz“. In der Tat bot sich nach dem Bündnispakt Rußland-Frankreich 1892 und angesichts der momentanen kolonialen Unstimmigkeiten Großbritanniens mit Frankreich ein fundamentales Zusammengehen zwischen Großbritannien und Deutschland für die Zukunft an. So schwenkte man dann in London nach dem Tode der Queen Viktoria 1901 keineswegs leichten Herzens mit seinem Allianzangebot von Deutschland nach Frankreich um. Zeitweise befürchtete man sogar – zu Unrecht – das deutsche Reich wolle im Verbund mit Rußland und Frankreich ein Kontinentalbündnis gegen Großbritannien installieren. Die bereits erwähnte Taktlosigkeit im Daily Telegraph-Interview von 1908 brachte dann die britische Regierung und Öffentlichkeit noch vollends gegen den deutschen Kaiser auf, weniger gegen dessen Land, in dem – für London überraschend – ebenfalls mächtige Wellen der Empörung gegen diesen stupiden Monarchen hochschlugen.

Ansonsten nahm man seine markige Großsprecherei nicht mehr ernst. Soweit mit den diplomatischen Gepflogenheiten noch vereinbar, amüsierte man sich über ihn. Wenn er dann auch noch wie ein Heupferd durch die Gegend sprang.

XI. Flottenrüstung

Sein bis dahin eher harmloses Erscheinungsbild schwand dann freilich in dem Maße dahin, in welchem Wilhelm II. eine deutsche Kriegsflottenaufrüstung in die Wege leitete und sodann mit – bei ihm ungewohnter – konsequenter Energie vorantrieb. Hätte Deutschland seine Rüstungsausgaben der Stabilisierung, dem Ausbau seiner Heereslandmacht zugute kommen lassen, keine britische Regierung wäre auf die Idee gekommen, einen Gegensatz zu Deutschland ins Auge zu fassen oder gar sich in einen solchen seitens Dritter treiben zu lassen.

Doch als man sich auf der Insel schließlich davon überzeugen mußte, daß der deutsche Kriegsflottenbau nicht mehr zu bremsen war, sich als unumkehrbar erwies, da schrillten die Alarmglocken. Nicht nur die maritime-globale Führerschaft auf den Weltmeeren erschien plötzlich gefährdet, die Küsten der Insel selbst sahen sich in eine bis dahin unbekannte Bedrohung einbezogen. Langsam ging es den Briten – vulgär formuliert – „ans Eingemachte". Sie, die lieber mit dem Deutschen Reich als reiner Landmacht als mit Franzosen und Russen paktiert hätten, wurden nun zum Bündnis mit letzteren getrieben. Und erst jetzt sah sich das Reich dank dem strategischen Schwachsinn seines Kaisers von den drei europäischen Großmächten eingekreist. Erst jetzt hatte es sich die Wahrscheinlichkeit eingehandelt, einen allseitigen europäischen „Welt"-Krieg zu verlieren.

Wilhelms II. Verhängnis war es, unter den Einfluß des Alfred von Tirpitz geraten zu sein: Tirpitz, bisher Stabschef des Oberkommandos der Marine, fungierte seit 1897 als Staatssekretär des Reichsmarineamtes. Während sich der Kaiser in seiner infantilen Spielfreude schöne deutsche Schiffe auf dem Wasser ästhetisch angenehm dahingleiten sehen wollte, betrieb Tirpitz mit unermüdlich eiserner Konsequenz den Aufbau und Ausbau der kriegerischen Hochseeflotte. Und schob damit Deutschland bis 1914 in die Position der zweitstärksten Seemacht der Erde. Wenn etwa angepeilte maritime Abkommen mit Großbritannien scheiterten, so scheiterten sie an Tirpitz. Dieser – seit 1911 – Großadmiral ist der eigentliche Totengräber seines Kaisers und damit des deutschen Volkes im ersten Viertel des 20. Jahrhunderts geworden.

Partiell wahrheitswidrig, zumindest undiplomatisch verkündet Wilhelm II. im Jahre 1897, Großbritannien wünsche sich den Niedergang der deutschen Industrie. Schon deshalb sei es unvermeidbar, daß „energisch und rasch ein starker Flottenbau bei uns dem Unheil vorbaut." Am 30. November des gleichen Jahres leitet Tirpitz seine „Marine-Vorlage“ dem Reichstag zu. Was seinen Flottenbau anlangt, weiß er sich in Übereinstimmung mit einflußreichen Kräften in der deutschen Wirtschaft, aber auch mit breiten Volksschichten, welche die Propagandaoffensiven des Flottenvereins, der Kolonialgesellschaft und des Alldeutschen Verbandes begrüßen. Bereits am 25.1.1900 wird im Reichstag eine neue Flottenvorlage eingebracht. Zwischenzeitlich waren deutsche Handelsschiffe in Übersee von britischen Kriegsschiffen angehalten und kontrolliert worden. Dazu erklärt der maritim an sich nicht sonderlich engagierte Reichskanzler Bülow im Reichstag: „Unter den gegebenen Umständen gibt es nur ein Mittel, um Deutschlands Handel und Kolonien zu schützen: Deutschland muß eine Flotte von solcher Stärke haben, daß selbst für die größte Flotte ein Krieg mit ihm ein solches Risiko in sich schließen würde, daß ihre eigene Überlegenheit gefährdet wäre.“ Gewaltig wird die Anzahl der auf Kiel gelegten großen deutschen Schlachtlinienschiffe erweitert. Die Rüstungsforcierung rechtfertigt Tirpitz mit fadenscheinigen Argumenten: die deutsche Nordseeküste müsse gegen feindliche Seestreitkräfte geschützt werden. Deutsche Schiffe in Übersee müssen sich selbst und obendrein die deutschen Kolonien schützen können.

Jetzt begreift Großbritannien vollends die mit solchem enormen deutschen Flottenbau für das eigene Territorium in den nächsten Jahren zwangsläufig wachsende Gefahr. Die britische Admiralität glaubt nicht mehr Tirpitzens Erklärung, die jedwede Angriffsabsicht bestreitet. Safety first! Ganz abgesehen davon, daß es sich 1902 mit Japan, 1907 mit Rußland abkommensmäßig vergleicht, dazwischen 1904 mit Frankreich die Entente cordiale auf die Reihe bringt und damit endgültig seine bisher gewahrte splendid isolation verläßt, betreibt Großbritannien jetzt gezielt den Bau von noch weit mächtigeren Linienschlachtschiffen als in der Vergangenheit. Am 10.2.1906 läuft die erste „Dreadnought“ vom Stapel. Weitere folgen. Mit enorm gesteigerter Armierung und Feuerkraft; allein 10 Geschütze vom Kaliber 30,5 bei 22500 Tonnen Wasserverdrängung. Tirpitz beantwortet in seinen Flottenvorlagen das britische Programm mit dem Bau deutscher Schlachtschiffsgiganten. Ein Wettrüsten hebt zwischen beiden Nationen an, das infolge der damit verbundenen ungeheueren Kosten die Briten noch weit mehr als die Deutschen in Wut versetzt. Und das kommentiert dann Wilhelm II. auch noch so: „Es wird sich nichts an Englands Haltung ändern, als bis wir zur See so stark sind, daß wir wünschenswerte Bundesgenossen werden.“ Daraus wird nichts. London läßt alle früheren, Deutschland betreffenden Bündnisüberlegungen endgültig fallen und sieht hinfort in Berlin nur noch seinen Erzfeind.

Die deutschen Flottengesetzte von 1906 bis 1908, vom Reichskanzler Bülow übrigens stark beargwöhnt, besorgen noch den Rest. Einen Teil seiner Weltmeerflotte in überseeischen Gewässern konzentriert Großbritannien hinfort um seine Insel.

Für den Sommer 1907 beruft der russische Zar die II. Haager Friedenskonferenz ein. Die sabotiert in ihrem wichtigsten Verhandlungsthema einer Flottenrüstungsbegrenzung Wilhelm II. bereits im August 1906, als er gegenüber dem britischen Botschafter in Deutschland erklärt: „Im Falle des Auftauchens der Abrüstungsfrage in irgendeiner Form unterbleibt die Teilnahme Deutschlands." Dazu Londons Außenminister Sir Edward Grey: wenn der Kaiser eine solche, dringend notwendige Diskussion von vornherein vereitelte, „nimmt er eine schwere Verantwortung auf sich." So verläuft denn auch die von 44 Staaten beschickte, vom 15.6. bis 18.10.1907 tagende Friedenskonferenz im entscheidenden Punkt ergebnislos. Das seitens der Verhandlungsteilnehmer einschlägig empfohlene obligatorische Schiedsgericht lehnt Wilhelm II. brüskierend ab.

Am 16.2.1908 beteuert der Monarch gegenüber dem britischen Marineminister Lord Tweedmouth: „Es ist absolut unwahr und unsinnig, anzunehmen, das deutsche Flottengesetz wolle eine Flotte schaffen, welche die britische Suprematie zur See in Frage stellen wolle. Die deutsche Flotte ist schlechthin gegen Niemanden gebaut. Sie ist lediglich gebaut für Deutschlands Bedürfnisse im Verhältnis zu seinem schnell wachsenden Handel." Damit setzt er sich in Widerspruch zu seiner eigenen Erklärung im „Daily Telegraph", die deutsche Flotte müsse auch allen Eventualitäten im Fernen Osten begegnen.

Die Briten glauben ihm ohnehin kein Wort mehr. Sie halten sich nicht mehr an Erklärungen, sondern nur noch an Fakten. Und wenn an eine Erklärung, dann nur an die – so Wilhelm II. -, „daß mir ein gutes Verhältnis zu England um den Preis des Ausbaus der Flotte Deutschlands nicht erwünscht ist." Ein Flottenrüstungsstop sei allerdings dann zu erwägen, wenn sich Großbritannien militärisch wieder von Frankreich löse und sich in einem deutschen Zweifrontenkrieg absolut neutral verhalte. Im April 1911 teilt der britische Unterstaatssekretär Nicolson seinem Amtsvorgänger mit, „daß Deutschland bei diesen Verhandlungen auf das Ziel ausgeht, nach Möglichkeit die Triple-Entente zu zerstören und Frankreich zu isolieren." Doch Großbritannien denkt gar nicht daran, den Einkreisungsdruck auf Deutschland mit seinem Riesenflottenprojekt zu mildern.

Den letzten Versuch einer Entschärfung unternimmt im Februar 1912 der britische Kriegsminister der liberalen Regierung Asquith. Lord Haldane kommt nach Berlin. An sich „unverbindliche Besprechungen“. Ernsthaft versucht Reichskanzler Bethmann-Hollweg, eine Entspannung zwischen beiden Staaten herbeizuführen. Lord Haldane bietet gegen deutschen Flottenrüstungsstop Neutralität im Falle eines deutschen Kontinentalkrieges an. Tirpitz bequemt sich zur Kontraktierung eines Flottenstärkeverhältnisses 3:2 zugunsten Großbritanniens. Das erscheint Lord Haldane unzureichend angesichts seiner vielen maritimen Verpflichtungen in Übersee. Und Kaiser Wilhelm II. zerstört schließlich letzte Übereinkommensmöglichkeiten mit dem Hinweis darauf, daß der von Haldane geforderte Flottenrüstungsstop für ihn eine nationale Schmach bedeute und deshalb dem deutschen Volk nicht zumutbar sei.

Damit hält der Kaiser an seiner Maxime fest, mit der er bereits am Neujahrstag des Jahres 1900 im Berliner Zeughaus das neue Jahrhundert begrüßte: „Und wie mein Großvater für sein Landheer, so werde ich für Meine Marine unbeirrt in gleicher Weise das Werk der Reorganisation fort- und durchführen, damit auch sie gleichberechtigt an der Seite Meiner Streitkräfte zu Lande stehen möge und durch sie das Deutsche Reich auch im Auslande in der Lage ist, den noch nicht erreichten Platz zu erringen.“ Also auch weiterhin: „Volldampf voraus.“

Und was hat jene Flottenaufrüstung effektiv erbracht? Von vornherein war eine deutsche Okkupation Großbritanniens ebenso aussichtslos wie umgekehrt eine Deutschlands durch die Briten etwa an der Nordseeküste. Mit Hilfe jener Flotte vermochte im Kriegsfall das Deutsche Reich seine Kolonien ebensowenig zu schützen wie sich – was sich gleich zu Beginn 1914 zeigte – seestreitkräftemäßig auf den Weltmeeren zu behaupten. Die große Seeschlacht am Skagerack Ende Mai 1916 änderte an den beiderseitigen Kräfteverhältnissen überhaupt nichts. Dank Wilhelm II. und seinem Tirpitz vermehrten sich von 1872 bis 1910 die deutschen Rüstungsausgaben um das schließlich Fünffache. Und nach dem Ende des verlorenen I. Weltkrieges wurde die gesamte deutsche Kriegsflotte von den eigenen Matrosen am 21.6.1919 bei Scapa Flow auf den Boden der Nordsee geschickt. Welch eine damit verbundene, auch finanzielle Katastrophe! Und nun konnte der inzwischen gestürzte und geflohene Kaiser auch nicht mehr majestätisch ausrufen: Volldampf voraus!

XII. Der Kriegsausbruch

Um es zu wiederholen: der wahre Grund für die deutsche Niederlage im I. Weltkrieg 1914 bis 1918 war jene forcierte, gigantische Flottenaufrüstung. Die Großbritannien unwiderruflich in die einkreisende Tripelallianz mit Frankreich und Rußland trieb. Ausgelöst wurde der I. Weltkrieg jedoch in Südosteuropa. Doch auch da war mittelbarer Auslöser – als sollte es gleichsam gesetzmäßig sein – wieder einmal Kaiser Wilhelm II.

Seine ihn seit jeher begleitende maßlose Selbstüberschätzung prägte ihn unverändert auch im Unglücksjahr 1914. Zwar führte er die stärksten Landstreitkräfte Kontinentaleuropas an, konnte aber nur auf schwache Verbündete zählen, die ihn mehr belasteten als ihn unterstützen. Weit überlegen glaubte er sich als „Weltkaiser" seinen drei mächtigen Gegnern Rußland, Großbritannien und Frankreich, die mit ihrer territorialen Ausdehnung, ihren Wirtschaftspotentialen und kolonialen Ressourcen jenseits von Deutschlands Grenzen die wahren Weltmächte darstellten. Rumänien lehnte ein Bündnis mit Deutschland ab. Italien verließ den Dreibund und fiel 1915 Österreich und damit Deutschland in den Rücken. Zudem ließ sich erfolgsversprechend ein reiner Landkrieg gegen Frankreich nur unter flagranter Verletzung der Neutralität Belgiens führen; was dann Großbritannien endgültig auf den Plan rufen mußte.

Der lange Zeit hindurch in seinen politischen Fähigkeiten unterschätzte letzte wilhelminische deutsche Reichskanzler Bethmann-Hollweg ahnt das kommende Unheil bereits in seiner Prophezeiung von 1913: „Von den Dimensionen eines Weltbrandes, von dem Elend und der Zerstörung, die er über die Völker bringen würde, kann sich kein Mensch eine Vorstellung machen, und alle Kriege der Vergangenheit werden wahrscheinlich ein Kinderspiel dagegen sein." Und mit deutlichem Seitenblick zum Kaiser hin: „In einem zukünftigen Krieg, der ohne zwingenden Anlaß unternommen wird, steht nicht nur die Hohenzollerkrone, sondern auch die Zukunft Deutschlands auf dem Spiel. Gewiß muß unsere Politik kühn geführt werden. Aber in jeder diplomatischen Verwicklung mit Schwertern rasseln, ohne daß die Ehre, die Sicherheit und die Zukunft Deutschlands bedroht sind, ist nicht nur tollkühn, sondern verbrecherisch."

Am 28.6.1914 werden während einer Ausfahrt in Sarajewo, der Hauptstadt des von der Donaumonarchie seit 1878 verwalteten, seit 1908 annektierte Bosniens, der sich völlig ohne Begleitschutz dort präsentierende Thronfolger Franz Ferdinand und seine Frau Sophie in ihrer Kutsche erschossen.

Das Attentat verübte ein bosnischer Einzeltäter. Wien witterte sogleich Fernsteuerung durch Belgrad. Unterstellt, der Attentäter hätte im Einverständnis und mit Hilfe von serbischen Regierungskreisen gehandelt, unterstellt, die Serben wären über den gelungenen Mordanschlag eines Südslawen auf einen Exponenten Österreichs in Jubel ausgebrochen, und deren Protektor Rußland hätte sich vor Freude/Schadenfreude darüber die Hände gerieben, alles dies unterstellt, so war die Reaktion der Wiener Regierung darauf die denkbar verkehrteste. Der bosnische Attentäter war Staatsbürger der Donaumonarchie; etwaige Anstifter oder Mordhelfer konnten nicht gegriffen und dingfest gemacht werden. Also mußte der Mann von einem österreichischen Strafgerichtshof auch als Einzeltäter abgeurteilt und gegebenenfalls hingerichtet werden.

Was aber macht Österreich Chefminister Graf Berchthold, sekundiert von Österreichs Generalstabschef Conrad, aus der begrenzbaren Angelegenheit? Er glaubt jetzt einen Grund dafür gefunden zu haben, das ihn sicherlich schon lange bedrängende südslawische Problem auf dem Balkan gewaltsam zu lösen. Vorsichtshalber vergewissert er sich in Berlin, ob ihm dabei der mächtige Bündnispartner die erforderliche Rückendeckung zusichert.

Der 6. Juli 1914 wird zum alles entscheidenden Tag. Statt Berchthold eindringlich zu warnen, ein Einzeltäterverbrechen nicht in einen Volkskrieg abdriften zu lassen und ihm diesen Fall jene Rückendeckung klar und eindeutig zu verweigern, räumt Wilhelm II. unbekümmert politisch unbeschränkte Entscheidungsfreiheit ein und versichert ihm seiner entsprechenden unverbrüchlichen wie unverzüglichen Bündnishilfe. Dieser „Blankoscheck" ist der letzte untrügliche Beweis für die totale Unfähigkeit dieses Hohenzollern, ein großes Volk durch gefährliche Zeitläufe zu steuern.

Am 23.7.1914 stellt Berchthold Serbien als dem vermuteten Hort der Attentatsverschwörung ein verklausuliertes Ultimatum. Belgrad akzeptiert es weitgehend am 25. Juli. Doch noch am gleichen Tag kappt Wien die diplomatischen Beziehungen zu Belgrad. Die Donaumonarchie erklärt am 28. Juli dem südslawischen Königreich Serbien den Krieg und beginnt tags drauf mit der Beschießung Belgrads. Den Vorschlag des britischen Außenminister Grey, den österreichisch-serbischen Konflikt mit Hilfe einer Konferenz der Großmächte zu entschärfen lehnt Wilhelm II. ab.

Nun tritt der Automatismus in Gang. Am 30. Juli befiehlt Zar Nikolaus II. die Mobilmachung der russischen Streitkräfte. Der deutsche Kaiser, der erst jetzt merkt, daß er sich selbst das Gesetz der Handlungsfreiheit aus der Hand geschlagen, fordert vom Zaren den Widerruf seiner Mobilmachung. Der lehnt ab. Daraufhin erklärt am 1. August Wilhelm II. Rußland und am 3. August dem mit ihm verbündeten Frankreich den Krieg. Der Hohenzollernkaiser also auch noch formal als Kriegsauslöser! Und da er die deutschen Truppen auch noch in das neutral Belgien einmarschieren läßt, tritt für Großbritannien der doppelte Bündnisfall ein, und es erklärt seinerseits am 4. August dem Deutschen Reich den Krieg.

Am 19.8.1914 verabschiedet der Kaiser das 1. Garderegiment zu Fuß vor dessen Ausrücken an die Front. In Uniform, Pickelhaube auf dem Schädel, seinen Säbel ziehend und hochhaltend ruft er aus: „Das Schwert ist gezogen, das ich ohne siegreich zu sein nicht wieder ohne Ehre einstecken kann. Und ihr alle sollt und werdet Mir dafür sorgen, daß es in Ehren wieder eingesteckt werden wird. Dafür bürgt ihr Mir, daß ich den Frieden Meinen Feinden diktieren kann. Auf! In den Kampf mit den Gegnern und nieder mit den Feinden Brandenburgs! Drei Hurras auf unser Heer! Und jetzt wollen wir sie verdreschen."

Den deutschen Verfassungsbestimmungen zufolge traf der Kaiser allein die Entscheidung über Krieg und Frieden. Wäre er nach einer Regierungszeit von einem Vierteljahrhundert zufällig im Jahre 1913 gestorben, hätte man ihn am Ende noch als gefeierten Monarchen in die Geschichte eingehen lassen. Total zu Unrecht! Mit der von ihm veranlaßten und autorisierten Flottenaufrüstung hatte er bereits die Axt an die Wurzel gelegt. Wann er in seiner außenpolitischen Verblödung zuschlug, war dann nur noch eine Frage von Zeit und passender Gelegenheit.

Jammervoll sein Abgesang mit Jahre 1914: da er von strategischer Kriegsführung nichts verstand, sackte er im deutschen Hauptquartier zum Statisten ab und wurde ohne sein „Persönliches Regiment" schließlich von Hindenburg und Ludendorff völlig an die Wand gedrückt. Bereits im März 1915 schreibt Tirpitz aus dem kaiserlichen Hauptquartier: „Der Kaiser betete förmlich nach einer Erlösung durch Abschiebung der Verantwortlichkeit; aber dabei stößt er auf die Mauer, mit der Er sich selbst umgeben hat."

Als sich im Jahre 1917 zum letzten Mal eine eventuelle Siegchance bot, als die deutsche Führung den aus der Schweiz anreisenden Revolutionär Lenin durch die eigenen Reihen hindurch nach Rußland einschleuste, der dann dort die Oktoberrevolution auslöste und die zaristische Kriegsfront gegen Deutschland zum Einsturz brachte, hatte gegen den Willen des Reichskanzlers des deutschen Kaisers Paladin Großadmiral Tirpitz bereits den uneingeschränkten U-Boot-Krieg erklärt, was nun an Stelle der östlichen Russen im Westen die Vereinigten Staaten von Amerika in den Weltkrieg an der Seite Großbritanniens eintreten ließ, deren frische Truppen in unbegrenzter Stärke die in vier Jahren heillosen Stellungskrieges ausgemergelten deutschen Soldaten endgültig zurückwarfen.

Und der 1918 abdankende, angstschlotternde Kaiser Wilhelm II. hatte auch noch Glück, nicht vor ein internationales Kriegsgericht der Siegermächte gestellt zu werden, sondern seitens einer calvinistischen Glaubensgenossin, der Königin Wilhelmine, im neutral gebliebenen Holland als mittelloser Exilant gnädig aufgenommen zu werden.

Als Deutschlands Niederlage im I. Weltkrieg bereits besiegelt ist, stimmt auch der noch kleinlauter gewordene Wilhelm II. der entscheidenden Machtverlagerung von der Exekutiven zur Legislativen zu. Seine „Kaiserliche Botschaft" im Oktober 1918:

„Ich wünsche, daß das deutsche Volk wirksamer als bisher an der Bestimmung der Geschichte des Vaterlandes mitarbeite. Es ist daher Mein Wille, daß Männer, die von dem Vertrauen des Volkes getragen sind, in weiterem Umfange teilnehmen an den Rechten und Pflichten der Regierung." Auf einmal!

De facto bedeutet das: parlamentarische Demokratie im Vollsinne des Wortes. Deklassierung des Monarchen zu einer Schattengestalt.

Doch die Siegermächte fordern zwar nur mittelbar, doch dafür um so nachdrücklicher das Ende der Monarchie in Deutschland: keinen Frieden den Hohenzollern!

Anfang November 1918 eröffnet Hindenburg dem Kaiser, er könne nicht mehr dessen persönliche Sicherheit gewährleisten. Daraufhin läßt Wilhelm II. am 9.11.1918 die amtliche Nachricht veröffentlichen: „Der Kaiser und König hat sich entschlossen ,dem Thron zu entsagen."

Volldampf voraus, diesmal Richtung holländische Grenze.

Das war das politische Ende des Mannes, der in seiner Rede vom 18.1.1895 festgestellt hatte: „Aus dem Deutschen Reich ist ein Weltreich geworden." Der in seiner fast schon pathologischen Prahlerei seinen Untertanen in die Ohren posaunte:

„Zu Großem sind wir noch bestimmt, und herrlichen Zeiten führe Ich euch entgegen!“

Studie über Adolf Hitler:

Die Rache einer verkrachten Existenz

Psychographischer Hitleressay

I. Einleitendes

Im Verlauf der letzten Jahrzehnte ist die Literatur über Hitler so angeschwollen, daß sie als nahezu unüberschaubar erscheinen muß. Den großen Biographien von Bullock (1967), Maser (1971), Fest (1973), Carr (1978), Flood (1989), Steinert und Syring (1994), Petzold-Weißbecker (1995), Kershaw (1998) gesellte sich eine Fülle von Spezialabhandlungen hinzu, die Teilaspekte von Hitlers Leben untersuchten. So etwa seinen Mythos, seine geschichtliche Position, seine Machtstellung, sein außenpolitisches Programm, seine Endziele, Lebensabschnitte von seinen Jugendjahren in Wien an bis zu seinen letzten Tagen im Berliner Kanzleibunker, sein Verhältnis zur SA, zur Wehrmacht, zu seinen Paladinen, aber auch zu Stalin. Dazu seine „Sämtlichen Aufzeichnungen“ und seine Monologe im Führerhauptquartier. Sein Verhältnis zu den Frauen, zu den Juden, zu den christlichen Kirchen. Um nur einige Themen aus dem unerschöpflichen Reservoir des Hitlerschrifttums zu nennen.

Alle diese Abhandlungen, die wegweisenden Biographien voran, beruhen durchweg auf verantwortungsvoll akribischen Recherchen, scharfsinnigen Analysen, seriösen Deutungen und einer überzeugenden Vermittlung der sich gerade im vorliegenden Fall ungemein verkomplizierenden Zusammenhangsfragen. Und doch enden sie allesamt gewollt oder ungewollt mit einem Fragezeichen. Wie konnte das Leben des negativsten aller menschlichen Phänomene eine derartige Entwicklung nehmen? Wo und wann, warum und mit welcher Zielsetzung kamen die entscheidenden Antriebskräfte jenes Mannes zur Entstehung? Psychologische Erklärungsversuche noch und noch! Und dennoch letzten Endes Rätselraten, hilfloses Kopfschütteln. Für viele andere Biographen Alan Bullock etwa um 1967: „Je mehr ich über Hitler lerne, desto schwerer fällt es mir, ihn zu erklären.“ Und der bekannte Publizist Johannes Groß konzediert 1979, daß ihm Hitler allen „biographischen, analytischen Anstrengungen zum Trotz rätselhaft ... geblieben“ sei.

Im nachfolgenden Essay wird die Aufdeckung jener „entscheidenden Antriebskräfte“ unternommen. Wieder einmal bestätigt es sich, daß Kindheits- und Jugendeindrücke lebensbestimmend sind und bleiben. Und daß sie später am zuverlässigsten im Langzeitgedächtnis wurzeln. Dies herauszuarbeiten, ist Sinn und Zweck der sich anschließenden Ausführungen. Dabei ist die Abfassung einer weiteren Biographie nach den bereits vorliegenden einschlägigen Meisterleistungen nicht mehr erforderlich. Biographische Geschehnisse in gerafftterem Umfange sind nur insoweit erforderlich, als ihre Nennung interpretationsmäßig unumgänglich ist. Eine ständige Gewinnung von neuen Durchsichten und daraus zwangsläufigen erwachsenden logischen Erkenntnissen erscheint wichtiger. Entscheidend bleibt jedoch am Schluß die Nachdenklichkeit des dann nicht mehr auf Rätselraten angewiesenen Lesers, der auf die Ersthälfte des 20. Jahrhunderts zurückschaut, in der ein einzelner Mensch mehr an Zerstörung verursacht hat, als sie die gesamte übrige Neuzeit aufzuweisen hat.

II. Wiener Aufenthalt 1907-1913

In dem oberösterreichischen Braunau am Inn gegenüber dem niederbayrischen Simbach wird Adolf Hitler am 20.4.1889 als Sohn eines subalternen Zollbeamten geboren.

Der strengen Erziehung des kaltherzigen Vaters setzt er inmitten seiner Geschwister und Halbgeschwister, soweit ihm möglich, Opposition entgegen. Erst recht später einer ihm seitens des Vaters nachdrücklich anempfohlenen Beamtenlaufbahn mit ihrem streng reglementierten Dienst. In der seit 1895 besuchten Dorfschule lernt er zunächst leicht mit rascher Auffassungsgabe. Den Tod des jähzornigen Vaters 1903 empfindet er als enorme Erleichterung.

Im September 1900 wird der elfjährige Hitler Linzer Realschüler. Seine Leistungen erweisen sich jedoch jetzt als kaum ausreichend. Die erste und vierte Klasse muß er wiederholen; die Versetzungen aus der zweiten wie aus der dritten Klasse erfolgen bedenklich knapp. Systematisches Lernen widerstrebt schon hier seiner Natur.

Seine Mutter Klara geborene Pölzl gibt ihn deshalb 1904 auf die Realschule in Steyr. Diese verläßt er, da er auch dort kläglich versagt, im September 1905 mit „elementaren Haß“ und liegt seitdem seiner im gleichen Jahre von Leonding nach Linz-Urfahrn umgezogenen Mutter auf der Tasche. Da er einen weiteren Schulbesuch ablehnt, deshalb die sogenannte Mittlere Reife verfehlt und so auch das spätere Abiturexamen nicht ablegen kann, verbaut er sich schon jetzt jede für ihn bedeutsame Fortbildungsmöglichkeit und erst recht ein späteres geregeltes Berufsleben.

Als Zwölfjähriger hat er in der Linzer Oper Wagners „Lohengrin“ gehört und ist seitdem phantastischen Träumereien verfallen. Stundenlang, tagelang streunt er in Linz und dessen Umgebung umher. Im Mai 1906 unternimmt er eine Besuchsreise nach Wien. Gelegentlich zeichnet und malt er. Schon jetzt beginnt der zum Sonderling gewordene, seine ihm nur noch mit Kopfschütteln begegnenden Mitmenschen zu hassen.

Ende 1907 weilt Hitler nochmals in Linz. Seine Mutter, tief unglücklich über die extreme Eigenbrötlerei ihres Sohnes – „er ist aus der Art gefallen“ und wolle „seinen Weg weitergehen, als wäre er allein auf der Welt“ – stirbt nach einer erfolglosen Brustkrebsoperation am 21.12.1907. Damit fällt für Hitler, der sie zuletzt gepflegt hat, der einzige Mensch weg, der seinem Herzen wirklich nahegestanden hat.

1907 wechselt Hitler nach Wien. Da erhebt sich sogleich die Frage: von welchen Geldquellen hat der arbeitsscheue Berufslose in der K.u.K. Metropole Österreichs denn gelebt?

Nach dem Tod der Eltern hat er bis Mai 1911 Waisenpensionsrente in Höhe von 21 Kronen monatlich bezogen. Die Mutter, die ihm noch vor ihrem Tod ein Erbteil nach dem vorverstorbenen Vater in Höhe von 700 Kronen hat zukommen lassen, hinterläßt ihm nun ebenfalls eine etwa gleich hohe Erbschaft. Doch jene Beträge verbraucht Hitler während der nächsten beiden Jahre. Zwar lebt er spartanisch hart, doch die Kosten für die Stehplätze in der Wiener Oper machen sich zunehmend im Geldbeutel bemerkbar. Er geht seine Tante Johanna Pölzl in Spital/Linz um finanzielle Hilfe an. Diese überweist an ihn 1910 einige Beträge; nach ihrem Tod im März 1911 erhält er nach ihr eine bescheidene Erbschaft. Doch auch die wird verbraucht, und bei gleichzeitigem Wegfall der Waisenrente wird es 1912/13 finanziell knapp für Hitler, der bisher die Armutsgrenze noch nicht unterschritten hatte.

Gleichwohl ist es ihm von Anfang an verunmöglicht, in Wien einigermaßen komfortabel zu wohnen. Zunächst haust er – zeitweise gemeinsam mit dem ihm von Linz her bekannten August Kubizek – im alkofenähnlichen Raum einer düsteren Wohnung in der Stumpergasse 29, später in der Felberstraße 22. Um der Einberufung zum Rekrutendienst zu entgehen, wechselt er mehrfach kurzfristig die Behausung, schläft nachts auf Parkbänken und landet schließlich im November 1909 im Meidlinger Obdachlosenasyl. Dort trifft er auf die Ärmsten der Armen, auf sozial Gescheiterte, auf flüchtige Kriminelle, auf menschliches Strandgut. Gratis wird zwar Brot und Suppe verteilt, für die Nacht ein Feldbett zur Verfügung gestellt, doch tagsüber ist das Asyl zu räumen und bleibt geschlossen. Oft weiß Hitler nicht, wo er sich da in der winterlichen Kälte aufhalten soll. Gelegenheitsarbeiten findet er schon angesichts der zahllosen Asylantenkonkurrenten nur selten. Erst im Sommer 1910 gelingt ihm die Aufnahme in das Männerheim des XX. Bezirkes in der Meldemannstraße 25-27 in der Brigittenau. Zwar finden dort ständige Reibereien, Streitereien und Zusammenstöße mit den anderen Insassen statt, mit Entgleisten, Landstreichern, Entwurzelten, skrupellosen und heimtückischen Typen; und auch hier müssen die Schlafstätten vom Morgen bis zum Abend geräumt werden. Doch im Heim existieren wenigstens Aufenthaltsräume und eine Kantine.

Die seelische Deformierung während jener Männerheimzeit 1910-1913 schreitet freilich unaufhaltsam dort. Hitler versucht, sich gegen angriffslustige Rauhbeine abzukapseln, doch oft genug vermag er nicht auszuweichen, muß sich handfest durchzusetzen lernen, und wäre dabei einmal fast aus dem Männerheim ausgewiesen worden. Jetzt weiß er um die „gnadenlose Selbstbehauptung im Leben". Inmitten jener heulerischen Kriminellen, schrägen Abenteurer und halben Bankrotteure geht ihm jene Erkenntnis auf, die er zwei Jahrzehnte später in einer seiner Wahlkampfreden so formuliert: „In diesem Kampf gewinnt der Stärkere, während der Schwächere verliert. Der Kampf ist der Vater aller Dinge. Nicht durch die Prinzipien der Humanität lebt der Mensch, sondern einzig und allein durch die Mittel brutalsten Kampfes." So läuft der aus Linz Angereiste nach Jahren nicht nur bekleidungsmäßig „in fürchterlich verwahrlostem Zustand" herum, sondern ebenso – weit schlimmer – in einer radikalisierten geistigen Verfassung, die keine Umkehr in humane Mitmenschlichkeit mehr zuläßt.

Unglücklicherweise verläßt ihn viel zu zeitig (1908) der ehemalige Linzer Kumpan und vorübergehende Wiener Stubengenosse Kubizek. Der hat auf Anhieb seine Aufnahmeprüfung an der Wiener Musikakademie bestanden, diese dann erfolgreich später abgeschlossen und kehrt nun nach Linz in eine „bürgerliche" Existenz zurück. Unterdessen trifft Hitler 1909 im Meidlinger Obdachlosenasyl auf den Landstreicher Reinhold Hanisch, der – immer bereit, ein krummes Ding zu drehen – Hitler anläßlich des Verkaufs von dessen gemalten Ansichtskarten betrügt. Noch später begegnet er dem Plakatmaler Josef Greiner, der ihm aber auch nicht zu steter Arbeit und einem geordneten Lebenswandel verhelfen kann. Freunde werden alle drei ihm nicht. Zur Begründung und Pflege von Freundschaften ist ein Hitler schon ob seiner extremen Egozentrik absolut unfähig. Soweit ihm dies möglich, hat er Kubizek, Hanisch und Greiner nur benutzt. Bestenfalls als seine Resonanzböden.

Mit der Übersiedlung von Linz nach Wien bezweckt Hitler, der sich selbst eine außerordentliche Karriere als Künstler prophezeit, vor allem die Aufnahme in die Wiener Akademie der Künste. Er meldet sich in deren Malklassendirektion zur Aufnahmeprüfung an, wird im Oktober 1907 vorgeladen und fällt prompt durch: „Probezeichnung ungenügend." Zum Malen sei er nicht geeignet; vielleicht eigene er sich zum Architekten. Sein Wiederholungsantrag im Folgejahr erledigt sich, weil er zur Aufnahmeprüfung gar nicht erst zugelassen wird. Seine Aufnahme in die Architekturklasse der Akademie scheitert daran, daß er nicht das Linzer Realabschlußzeugnis vorlegen kann. Dieses sich nachträglich zu erarbeiten, lehnt er empört ab. Dessenungeachtet ist das zentrale Segment seiner bisherigen Selbstsicherheit durchgebrochen:

„Zum ersten Male in meinem jungen Leben war ich uneins mit mir selbst." Er rast und tobt. Als er kurz danach anläßlich seines Umzugs auf die Felberstraße auf dem Polizeirevier seinen Beruf angeben muß, bezeichnet er sich trotzig als „Student".

Hitler nimmt einige ausbildungsfördernde Privatstunden bei dem Akademieprofessor Panholzer, erfährt schnell dessen Zurückweisung, eine gleiche von Professor Ritschel, dem Chefrestaurator im Hofmuseum und wagt danach ungeachtet des Empfehlungsbriefes einer Bekannten seiner Mutter gar nicht erst, bei dem berühmten Bühnenbildner der Wiener Hofoper, Professor Roller, vorzusprechen. Die Mißerfolge teilt er seinen Verwandten und Bekannten in Linz nicht mit. Als diese – vielleicht von Kubizek informiert – in ihn dringen, wenigstens die väterliche oder eine vergleichbare Beamtenlaufbahn anzusteuern, reagiert er mit dem radikalem Bruch. Mit der etablierten bürgerlichen Welt ist er nun total zerfallen. Hinlänglich wird ihm bewußt, hinfort nur noch als verkrachte Existenz sein Leben zu fristen.

In den ersten Wiener Jahren, als er noch über genügend Kronen verfügt, streunt er stundenlang in den Straßen und Gassen der Metropole herum, vergnügt sich halbe Tage lang im Prater, brütet einen Nachmittag hindurch auf einer Bank im Park von Schönbrunn dumpf vor sich hin, liest in Wiener Cafés zum Kuchen alle erreichbaren Journale, in öffentlichen Leihbibliotheken diverse Bücher durcheinander. Steht ein Musikdrama Wagners auf dem Operprogramm, stellt er sich stundenlang nach einem der begehrten preiswerten Stehplätze im Parkett an; der ihn während der Vorstellung regelmäßig erfassende Gefühlsrausch läßt ihn seine Malaise vergessen. Er versucht sein Leben mit dem abenteuerlichen Richard Wagners in Eins zu setzen. Doch der Musikdramatiker hatte im Gegensatz zu ihm eine intensive Ausbildung und eine harte berufliche Bewährungszeit (Magdeburg, Königsberg, Riga) vor seiner gloriosen Dresdner Hofkapellmeistertätigkeit vorzuweisen.

Während der späteren Wiener Jahre muß sich Hitler notgedrungen nach Zusatzverdienst umsehen. Der spätere Reichskanzler lügt im Jahre 1933, wenn er behauptet, „jahrelang" Bauarbeiter gewesen zu sein. Das bestenfalls während einiger Wochen, dann fliegt er seiner Streitsucht wegen von der Baustelle. Nur tagelang hält es ihn in einer Wandmalerfirma, im Schreibbüro eines Bauunternehmers. Nirgendwo vermag er sich einzufügen. Hilfsdienstweise schaufelt er Schnee. Im Wiener Westbahnhof ist er gelegentlich als Kofferträger anzutreffen. Mit Grauen erinnert sich Hitler später in seinem Buch „Mein Kampf" jener Wiener Jahre 1910-1913 als der entwürdigsten Jahre seines gesamten Lebens, „in denen ich erst als Hilfsarbeiter, dann als kleiner Maler mir mein Brot verdienen mußte."

Damit kommt er noch am ehesten zurecht: Bilder malen in Postkartenformat. Motive dazu liefern Wiens repräsentative Profangebäude und Kirchen in Hülle und Fülle. Um alsdann solche Illustrationskarten minderer Qualität bei Antiquitätenhändlern zu verramschen. Später fertigt Hitler auch einige Aquarelle im Format 18 x 27,5 cm. Zuletzt, als er Josef Greiner trifft, wechselt er vorübergehend vom Zeichnen mit Feder und Tusche zu großflächiger Werbeplakatmalerei. „Gemalt habe ich immer so viel, damit ich immer das Notwendige zum Leben habe."

Doch das ist ja nun nicht seine ureigene Welt. Da sind seine Bauskizzen, seine Architekturzeichnungen, mit denen kein Trödler etwas anfangen kann. Er, das verkannte Genie, steigert sich in großmannssüchtige Entwürfe für Museen, Theater, für Paläste und Schlösser hinein. „Meine architektonischen Skizzen, die ich damals angefertigt habe das war mein kostbarster Besitz, mein Gehirneigentum."

Die für den geistigen Horizont jener angeblich verknöcherten, stupiden Akademieprofessoren natürlich viel zu hoch sind. Er, Hitler, muß erst kommen, um mit seiner unvergleichlichen Kreativität den mit Gottfried Sempers Neuer Hofburg begonnen Heldenplatz zu Wien congenial grandios zu vollenden.

Hitler schnappt über. Unter Verwertung germanischer Götter- und Heldensagen will er phänomenale Theaterschauspiele in üppigster Kulissenpracht dichten. Mehr noch: er will das, was Wagner 1849 in Dresden nicht zuwege gebracht hat, er will eine große Heldenoper „Wieland der Schmied" komponieren und phantasiert darüber tastenanschlagend vor seinem Stubengenossen August Kubizek auf dem Klavier.

Daß Hitler, der noch so völlig sich an die Kultur des 19. Jahrhundert schmiegt, mit den zeitgenössischen Modernlingen, welche partiell die Wiener Szene beherrschen, nichts anzufangen weiß, versteht sich von selbst. Das gilt freilich auch für die erdrückende Mehrheit seiner nichtfachmännischen Wiener Zeitgenossen, die expressionistische Experimente ebenfalls radikal ablehnen. Was soll auch ein in seiner von Makart genährten opulenten Traumwelt lebender Hitler mit den antihistorischen tektonischen Entwürfen eines Adolf Loos anfangen? Mit der Malerei eines Oskar Kokoschka? Mit der spitzen Feder eines Karl Kraus oder mit den diesem geistesverwandten Schriftstellern? Oder mit einer Musik, die seinen vergötterten Wagner radikal überwinden will? Erst vor wenigen Jahren waren in Wien Bruckner, Brahms, Johann Strauß und Hugo Wolf gestorben. Da macht sich nun der zumeist ausgebuhte

Arnold Schönberg – auch noch ein Jude – anheischig, eine Musik auf atonaler Basis den Leuten zu präsentieren. Später wird er alle diese – sicherlich fragwürdigen – avantgardistischen Bestrebungen als Kulturbolschewismus bezeichnen. Eine Zuordnung, die sich Stalin verbeten hätte; denn der lag in kunstästhetischer Hinsicht mit Hitler so ziemlich auf gleicher Wellenlänge.

Vom Ekel angewidert überträgt Hitler seine Gegenwartsaversionen auf das gesamte Gemeinwesen, das sich eine Kaiserlich-Königliche Monarchie Österreich-Ungarn mit ihren zwölf Völkerschaften nennt. An deren Spitze der alte Kaiser Franz Joseph mit seinem weißen Vollbart, der das rumorende, immer bedrohlichere Nationalitätenproblem in seinem Reiche von fast 50 Millionen Einwohnern ganz bewußt verdrängt und als echter Habsburger darauf schwört, daß die allumfassend einheitliche römisch-katholische Religion seiner Untertanen jene ansonsten unverzichtbare nationale Verklammerung allemal ersetzt. Atmosphärisch wittert Hitler einen morbiden Hauch, wenn nicht gar schon einen Verwesungsgeruch über dem Ganzen. Immer mehr „Schmutz und Schund" glaubt er hinter der Avenuepracht der Ringstraßenbauten und den glanzvollen Barockpalais im zentralen Bezirk, erst recht in so manchen Vorstädten zu entdecken. Er hört von der hohen Selbstmordrate in der Hauptstadt. Inmitten der „Kulturschande" eines internationalen Sprachengewirrs auf Plätzen und Gassen entdeckt er den ahnungslosen spießigen Deutschösterreicher um sich herum. Seine Verachtung für diesen gräbt sich so tief in ihn ein, daß er noch über ein Menschalter später im Dezember 1944 die Installation zusätzlicher Flakabwehrgeschütze rings um die Donaumetropole mit der Begründung ablehnt, Wien dürfte es nicht schaden, den Bombenkrieg kennenzulernen.

Während seines Wienaufenthaltes erwacht in Hitler schließlich auch noch der Judenhaß: „Widerwärtig war mir das Rassenkonglomerat, das die Reichshauptstadt zeigte." Betrug der jüdische prozentuale Anteil an der Gesamtbevölkerung im Jahre 1857 noch 1,3 %, so im Jahre 1910 bereits 8,6 %. Für Hitler noch viel schlimmer: der jüdische Prozentsatz der Studenten an der Wiener Universität beträgt über 30 %, innerhalb der juristischen Fakultät 22 %, bei den Medizinern fast 50 %. Schon 1890 machen unter den 681 Wiener Rechtsanwälten die 394 Juden die Mehrheit aus. Ähnlich verhält es sich im Zeitungswesen.

Hautnah erlebt Hitler die sich steigernde Macht der Sozialdemokratie mit ihrem beachtlichen kommunistischen Flügel. Deren ständige Demonstrationen in ellenlangen Marschsäulen durch die Straßen unter der taktischen Anleitung Viktor Adlers.

Wenige Wochen Bauhilfsarbeitereinsatzes bringen ihn schnell auf Distanz zu den Arbeitskollegen, die ihn instinktiv ablehnen und ihn einmal sogar brachial zurückstoßen. Dort lodert unauslöschlicher Klassenhaß gegen die sogenannte kapitalistische Bourgeoisie, welchen die marxistische Parteifunktionäre unentwegt anheizen. „Die Unverschämtheit ihrer geistigen Terrorisierung" (in „Mein Kampf"). Die wollen in seinen Augen nicht die Diktatur des Proletariats, sondern die Diktatur über das Proletariat. Zentralfrage: Wer beutet in Wirklichkeit aus? Warum verfügt jene Sozialdemokratie über keine nationale Komponente? Doch infolge seiner scharfen Beobachtungsgabe lernt Hitler auch hinzu. Zusammenschluß Gleichgesinnter lohnt sich nur, wenn er zur Herausbildung einer Massenpartei führt. Die fähig ist, effektive Propaganda eben für die Massen zu veranstalten. Das setzt demagogische Rhetorik voraus. Die dabei aufkommende Scharlatanerie ist zu akzeptieren, sofern sie nur in den Massen emotionale Elementartriebe weckt. Kraft solcher dämonischer Suggestion die Menschen in Rausch und Ekstase versetzt. Denn erst das ermöglicht am Ende den diktatorischen Parteiführer.

Hitler erlebt es nicht mehr an Ort und Stelle, daß die SPÖ nach dem I. Weltkrieg zum Hauptträger der österreichischen Demokratie wird und unter Karl Renners Vorsitz sogar ein nationales Gepräge annimmt. Doch im jetzigen Vorkriegswien gibt Exilant Trotzki seit 1908 die „Prawda" heraus. 1912 erscheint auf Lenins Betreiben hin sogar Stalin in der Donaustadt; und so hätten sich – rein theoretisch – auf diesem Boden die beiden späteren mörderischsten Usurpatoren des gesamten 20. Jahrhunderts begegnen können.

Im Jahre 1913 wechselt Hitler von Wien nach München. Nicht deshalb, weil die Ausreise ihm als einem nunmehr Vierundzwanzigjährigen erlaubt ist, nicht aus Liebe zu dem wilhelminischen Deutschen Reich, sondern einfach deshalb, um der Einberufung zum österreichischen Militärdienst zu entgehen. Bereits 1909 hatte er zur Musterung angestanden, doch unter mehrfachem Wohnungswechsel die Meldung bei der zuständigen Behörde bewußt unterlassen. Allerspätestens im Jahre 1912 hätte er sich der Ableistung der Wehrdienstpflicht stellen müssen. Und im gleichen Jahre wurden die österreichischen gesetzlichen Wehrdienststrafbestimmungen gravierend verschärft.

Doch die österreichischen Behörden kommen dem in München seit dem 25.5.1913 als Untermieter bei dem Schneidermeister Popp, Schleißheimer Straße 34, wohnenden „Maler und Schriftsteller" auf die Spur und fordern den Drückeberger auf, sich bei ihnen zu melden. Ihm bleibt nichts anderes übrig, als sich am 5.2.1914 in Salzburg zur Musterung zu stellen. Und dort gelingt es dem Simulanten Hitler, die Militärärzte über die Löffel zu hauen; als körperlich „zu schwach" wird er für „waffenunfähig" erklärt und damit vom anstehenden Rekrutendienst befreit.

Als Ausländer lebt er nun in München bis zum Ausbruch des I. Weltkrieges im August 1914. Dem Magistrat der Stadt Linz teilt er mit: „Wohl verdiene ich nur meinen Unterhalt als selbstständiger Kunstmaler, jedoch nur, um mir, da ich gänzlich vermögenslos bin, meine weitere Fortbildung zu ermöglichen. Nur einen Bruchteil meiner Zeit kann ich zum Broterwerb verwenden, da ich mich als Architekturmaler noch immer erst ausbilde." In Wahrheit hat sich Hitler überhaupt nicht fortgebildet, sondern wie zuvor in Wien Stadtbildansichten im Kleinformat gepinselt, für die sich freilich bei den Münchener Kleinkunstkrämern wohl etwas bessere Absatzchancen als bisher boten.

Wo steht Hitler im Jahre 1914? Der Leser seines „Mein Kampf" erfährt über die Wiener Zeit 1907-1913, daß sich damals sein Weltbild und seine Weltanschauung herausgebildet habe, die „zum granitenen Fundament" seines späteren Handelns geworden seien. Albert Speer und Andere vertreten zwar die Auffassung, Hitler habe in Wien überhaupt keinen Reifeprozeß durchgemacht. Doch eine Entwicklung hat sich damals auf jeden Fall ihre gesetzliche Bahn gebrochen: die zum unauslöschlichen Haß. Insofern stimmt das Selbstbekenntnis: „Wien blieb für mich die schwerste, wenn auch gründlichste Schule meines Lebens."

Bereits die Linzer Realschullehrer, verachtet und heimlich verflucht, schildern den Eigenbrötler als rechthaberisch, voller Jähzorn und widerspenstig. Die eigene Mutter auf dem Sterbebett: „Ich werde es nicht mehr erleben, daß er sich eine selbstständige Existenz schafft." An der Wiener Kunstakademie besteht er die Aufnahmeprüfung nicht. In seinem ramponierten Selbstbewußtsein verdammt er deren Dozenten als beurteilungsunfähige, mißgönnerische Beamtenseelen: „Die ganze Akademie gehört in die Luft gesprengt." Unter den Bauarbeitern wird er ausgegrenzt, von der Baustelle verjagt: „Der Terror auf der Arbeitsstätte, in der Fabrik, im Versammlungslokal und anläßlich der Massenkundgebung wird immer von Erfolg begleitet sein, solange ihm nicht ein gleich großer Terror entgegentritt." Nirgendwo kommt er an; überall schlägt ihm Ablehnung entgegen. Die sich kumulierenden Wirkungen fortgesetzter Enttäuschungen und Frustrationen schlagen in unstillbaren Zorn, in kaum noch aufzuhaltende Wut um, egal, ob gegen Sozialisten oder katholische Priester, ob gegen Juden oder die Habsburger. Dazu noch die gelegentliche Überlegung, mütterlicherseits eine jüdische Großmutter zu besitzen. Die etablierte Gesellschaft hat ihn von sich ausgeschlossen, hat ihn ausgestoßen. Deshalb auch totale Kontaktlosigkeit zum weiblichen Geschlecht. Er, das verkannte Genie, unter ausschließlich miesen, fiesen, häßlichen, gemeinen, ekelhaften Kreaturen, die sich Mitmenschen nennen!

Als begnadeter Künstler habe er sich verwirklichen wollen. Dazu – so viel später 1942 in der „Wolfsschanze" zu Zuhörern – „ist die Politik nur ein Mittel zum Zweck!" Wieder einmal eine pralle Lüge! Die Politik ist ihm nur ein Mittel gewesen, um eines späteren Tages Rache für das angeblich ihm widerfahrende himmelschreiende Wiener Unrecht zu nehmen. Was Thomas Mann im Jahre 1938 zu Recht so kommentiert: „Dazu das schlechte Gewissen, das Schuldgefühl, die Wut auf die Welt, der revolutionäre Instinkt, die unterbewußte Ansammlung explosiver Kompensationswünsche."

„Haß ist dauerhafter als Abneigung". Und ungebremster Haß mündet zwangsläufig in ein Labyrinth von Racheimpulsen. Am Vorabend des I. Weltkrieges ist Eines in dem von Haß zerfressenen Hitler fertig ausgeprägt: die Bereitschaft, mörderische Rache zu üben an der menschlichen Gesellschaft, an den Wienern, an den Deutschen, an Europa, möglichst gleich an der gesamten Menschheit, die ihn, den großen Hoffnungsträger für jene Menschheit, in eine verkrachte Existenz katapultiert hat. Noch fühlt er sich aussichtslos zurückgeworfen, denn die festgefügte Gesellschaftsordnung im mitteleuropäischen kaiserlichen Deutschland bietet einem Versager wie ihm nicht die geringste Aufstiegschance. Doch was, wenn jene Ordnung unerwartet eines Tages zerbrechen sollte? Wenn die Bahn für ihn frei werden sollte, seinen Haß rücksichtslos und unversöhnlich bis in die Unmenschlichkeit hinein ausleben zu dürfen?

Am Rande soll nicht vergessen werden: den arischen Landstreicher Reinhold Hanisch, den er im Wiener Obdachlosenheim negativ kennen lernte, ließ Hitler nach seinem Einmarsch in Österreich 1938 beseitigen. Dem jüdischen Arzt seiner brustkrebskranken Mutter in Linz, dem Dr. Eduard Bloch, ermöglichte er 1940 die Flucht in die USA.

III. Fronteinsatz und erste NSDAP (1914-1923)

Infolge der Ermordung des österreichischen Thronfolgers und infolge der verhängnisvollen europäischen Bündnissysteme bricht im August 1914 der I. Weltkrieg aus.

In München meldet sich Hitler als Kriegsfreiwilliger. Seit dem 16.8.1914 dient er als Rekrut im Bayrischen Reserveinfanterieregiment 16 und erlebt alsbald an der Westfront seine Feuertaufe.

Seine monotone Existenz als gescheiterer „Künstler“ darf er vergessen, die vielen Fehlschläge und Demütigungen innerlich verdrängen. Seine Vereinsamung scheint plötzlich aufgehoben. Seine Einordnung in einen geordneten Tagesablauf empfindet er sogar als Wohltat. Unerwartet fühlt sich der Heimatlose geborgen. Die soldatischen Kameraden sind im gleichgestellt; die bisherigen sozialen Rangunterschiede ebnen sich ein; und das schon überhaupt an der Front, wo im Tod ohnehin alle gleichgemacht werden. Vor allem die bisher zurückgestauten Haß- und Racheimpulse finden jetzt ein Ventil: im Feind jenseits des Schützengrabens, den es zu vernichten gilt. Auf einmal erhält Hitlers Leben einen Sinn. Und so paßt sich der Wiener Vagabund und halbe Landstreicher nur zu gern den disziplinären Erfordernissen einer militärischen Truppe an, die ihm Heimat wird.

Vor dem Feind verhält sich Hitler überdurchschnittlich tapfer. Nach der Feuertaufe während der Ypernschlacht im Oktober und November 1914 bietet der sich anschließende Stellungskrieg reichlich Gelegenheiten, sich durch Mut und Kaltblütigkeiten auszuzeichnen. Hitler meldet sich für die besonders gefährlichen, persongebundenen Nachrichtenübermittlungen zwischen rückwärtigem Befehlsstab und Frontlinie. Natürlich macht das einen Unterschied, ob ein lediger Soldat ohne auch nur einen Angehörigen oder ob ein Familienvater mit Frau und Kindern daheim ein solches Himmelfahrtskommando übernimmt. Doch das mildert die befremdliche Distanz im Unterstand, wo Hitler auch diesmal immer separat für sich hockt, in einer Feuerpause dahinbrütet und im Gegensatz zu den Kameraden niemals Feldpost erhält.

Seine jahrelangen Einsätze als Meldegänger finden durchaus ihre Anerkennung. Am 2.12.1914 wird ihm das EKA II, am 17.9.1917 das Bayrische Militärverdienstkreuz, am 9.5.1918 das Regimentsdiplom für hervorragende Tapferkeit vor dem Feind, am 18.5.1918 das Verwundetenabzeichen in Schwarz verliehen. Eine ungewöhnliche Auszeichnung für ihn, der es nicht über den Gefreiten hinaus gebracht hat, stellt die Dekorierung mit dem EKA I am 4.8.1918 dar.

Der deutsche Zusammenbruch im Herbst 1918 entläßt den in zahlreichen nordfranzösischen Materialschlachten Kriegsbewährten, den die „Kameraden“ dennoch als einen „Spinner“ abqualifizierten, in die zivile Vereinsamung. Ohne Anlaufstelle, ohne Bleibe, ohne Familie, ohne Freund oder Freundin.

So muß er es noch als Glück im Unglück empfinden, wenn er bei der neuen Reichswehr, bei dem den Deutschen seitens der Siegermächte zugestandenen Restheer, wenigstens vorübergehend beschäftigt wird. Von dort bezieht der Gefreite Hitler nun Sold und Beköstigung. Zunächst schiebt er Aufpasserdienst als Wachmann im „roten München“. Dann läßt er sich als Reichswehrspitzel auf die Schuldigen des Räteregierungsumsturzes von 1919 ansetzen. Offiziere werden auf ihn aufmerksam. Sie setzen den Gefreiten als sogenannten „Bildungsoffizier“ ein. Die Soldaten soll er gegen die kommunistische Ideologie jener Umstürzler immunisieren. Und soll dann auch zwischen der „Vorläufigen Bayrischen Reichswehr“ und den vielen, sich jetzt bildenden Wehrverbänden und Frontkämpfervereinigungen engere Kontakte herstellen. Schließlich wird er als „Vertrauensmann“ (sog. V-Mann) in der Nachrichten- und Propagandaabteilung des Reichswehr-Gruppenkommandos 4 eingesetzt. Er hält politische Vorträge vor den aus Kriegsgefangenschaft heimkehrenden, ins Zivilleben zu entlassenden Soldaten. Dabei wird ihm erstmals bewußt, daß er rhetorisch allerhand zu bieten hat. Erst zum 31.3.1920 wird er aus dem Reichswehrdienst entlassen.

Doch damit fällt er keineswegs ins Bodenlose. Noch im wehrdienstlichen Kontrollauftrag hat Hitler am 12.9.1919 eine Versammlung der von dem Schlosser Anton Drexler jüngst gegründeten Deutschen Arbeiterpartei (DAP) besucht. Die wenigen Versammlungsteilnehmer, kaum mehr als zwei Dutzend, haben ihm einigermaßen zugesagt. Auf seinen am 19.10.1919 gestellten Antrag hin wird er in die DAP aufgenommen und erhält die Mitgliedsnummer 55. Anläßlich der nächsten Versammlung schlägt ein Redner die Loslösung Bayerns vom Reich und dessen Unionisierung mit der neuen Republik Österreich vor. Sofort fällt ihm Hitler in die Parade, reißt den Mann als Landesverräter herunter und faucht wutschnaubend in die Runde, was die politische Stunde angesichts der Verelendung ringsum geschlagen hat. Erstmals nimmt er sich selbst in seinen Haßorgien so richtig wahr. Der größte aller brüllenden Redner ist geboren. Beiläufig bemerkt der behäbige, überraschte Vorsitzende Anton Drexler: „Mensch, der hat a Gosch´n, den kunnt ma brauchen.“

Die bisher eher im Stammtischformat dahindösende DAP setzt ihn als ihren Propagandisten ein. Als gewählter Werbeobmann avanciert er zum Mitglied Nummer 7 des DAP-Arbeitsausschusses. Hitler, der nichts mehr zu verlieren hat, verdaut jetzt den Rest seiner Wiener Minderwertigkeitsgefühle. Erlebnisgestählt durch vierjährigen Kriegseinsatz als infanteristisches Frontschwein, läßt er seinem Haß auf die bornierte bürgerliche Umwelt freien Lauf. Die er damit gleichwohl fasziniert. Was dann wieder ein weitverbreitetes gesellschaftliches Unbehagen voraussetzt, aus dem man seine Zeitgenossen herauszureißen vermag, wenn sich ein gemeinsamer Feind orten läßt.

Und der neue DAP-„Werbeobmann" findet im Nachkriegsdeutschland jenen Feind in vielfacher Gestalt vor: die Kapitulation Deutschlands, den Sieg der linken Revolutionsmacher, die Folgen des unmenschlichen Versailler Diktats von 1919, dessen Kriegsschuldlüge und Reparationsforderungen, die Gebietsverluste betreffend Danzig und den neuen polnischen Korridor. Ressentiments braucht er nicht mehr anzuheizen; die sind längst da. Hinzu kommt das allgemeine Erschrecken vor Lenins bolschewistischer Revolution 1917 in Rußland mit deren entsetzlichen Folgen. Aber auch einige Lichtblicke: Als Spartakusputschisten werden im Januar 1919 die Kommunisten Karl Liebknecht und Rosa Luxemburg, im Februar 1919 im hiesigen München der räterepublikanische Putschministerpräsident Kurt Eisner ermordet. Hitler plädiert für eine jederzeit gewaltbereite DAP, die sich von den Marxisten getrost deren Parteidisziplin, Aufmarschdemonstrationen, Transparentenpropaganda, ihre durchschlagende Massendynamik abschauen kann, um sie dann mit den gleichen Waffen zu schlagen. Vor allem: die DAP darf nicht nur eine Arbeiterpartei, sie muß ein nationales Auffangbecken für deutschbewußte Etablierte wie Entwurzelte gleichermaßen sein.

Immer mehr interessierte Menschen finden sich zu den DAP-Veranstaltungen ein, sie wollen Hitler in seiner suggestiven Ausstrahlung sehen, hören und erleben. Der organisiert die erste Massenveranstaltung am 24.2.1921 im Festsaal des Hofbräuhauses. Zweitausend Zuhörer elektrisiert er mit seinen aggressiven Anklagen. Zustimmender wie ohrenbetäubender Applaus macht aus dem Raum mehr und mehr ein Tollhaus. Vorbei ist es mit den bierseligen Stammtischrunden Drexlerschen Zuschnittes.

Jetzt kann sich die Partei eine eigene dauerbesetzte Geschäftsstelle im Keller des Münchner Sterneckerbräus leisten. Denn ihre Mitgliederzahl steigt steil an: 1921

2500; Ende Januar 1922: 6000; Oktober 1923: 55000. Seit dem Triumph im Hofbräuhaus firmiert die DAP als NSDAP und als solche wählt sie auf ihrer außerordentlichen Mitgliederversammlung vom 29.7.1921 den neuen robusten Mann mit 553 von 554 Stimmen zum Vorsitzenden; der gemütliche Drexler wird auf einen Ehrenpräsidentensitz abgeschoben. Auf den Fahnen der Partei droht das Hakenkreuz unbarmherzigen Kampf gegen alle Feinde Deutschlands innen nach außen an.

So hatte denn Hitler die erste Etappe seines lebenslangen Rachefeldzuges hinter sich gebracht. Und sofort geht er daran, seine neue Position zu konsolidieren. Eine stetig wachsende Parteiorganisation bildet sich heraus. Aus ihrer Mitte idealistische Informationszettelverteiler und Plakatkleber für Tafeln und Hauswände. Zuverlässige, ihm treu ergebene Kader sammelt er um sich: „Ich habe vom Marxismus viel gelernt. Ich gestehe das ohne weiteres ein. Nicht etwa von dieser langweiligen Gesellschaftslehre ..., aber von ihren Methoden habe ich gelernt." Und schnell setzt er seine Erkenntnis in die Praxis um. Im Oktober 1921 gründet er die SA – Sturmabteilung auch als Saalschutzgarde seiner Partei neuen Typus. Zugleich nutzt Hitler seine Beziehungen zu dem im Münchener Wehrkreiskommando tätigen Hauptmann Röhm und zu dessen Vorgesetzten, dem Generalmajor Ritter von Epp, der sogar in die neue NSDAP eintritt. In ständigem Kontakt zur Reichswehr wird die SA militärisch gedrillt. Bald bildet sie ein Gegengewicht zu den aggressiven Rabauken aus der kommunistischen Ecke. Zuerst nur als Ordnungsdienst anläßlich von NSDAP-Versammlungen eingesetzt, sichern die SA-Leute bald auch die Marschformation der Partei. Scheuen bald keine Zusammenstöße mehr mit den rabiaten Marxisten. München erlebt handgreifliche Konfrontationen Braun contra Rot. Die Sympathien der Bürger der bayrischen Landeshauptstadt neigen sich mehr und mehr den Braunen zu.

Im Rückblick auf die seinerzeitigen Parteigrößen Wiens, Lueger und Ritter von Schönerer, zahlt sich jetzt eine weitere Erkenntnis Hitlers verstärkt aus: eine den Erfolgskurs anstrebende Partei darf niemals nur den Arbeiter – siehe DAP – ansprechen, sondern zusätzlich die Bandbreite aller Nationalgesinnten, zumal in Notzeiten wie den gegenwärtigen. Und diese Kombination wird den Hitlerleuten – siehe NSDAP – ein Jahrzehnt später im Jahre 1933 das Übergewicht über die Thälmannleute verschaffen.

Und nationalen Zündstoff gibt es schon jetzt mehr als genug! Ein über jeden Zweifel an parlamentarisch-demokratischer Gesinnung erhabener Mann wie der Kölner Oberbürgermeister Dr. Konrad Adenauer erklärt in seiner Eigenschaft als Präsident des Deutschen Katholikentages 1922 in seiner Eröffnungsrede: „In der europäischen Geschichte des Mittelalters und der Neuzeit gibt es kein Dokument, das so allen menschlichen, allen christlichen Grundsätzen Hohn spricht wie das Diktat von Versailles."

Also rennt Hitler fast offene Türen bei den meisten seiner Mitbürger ein, als er seine aufpeitschenden Anklagen gegen die hautnahen Folgen jenes Diktates schleudert. Gegen die Gebietsverluste des Deutschen Reiches ohnehin. Vor allem gegen das Ausbluten des deutschen Wirtschaftskörpers infolge der unsinnig hohen Reparationsforderungen: 226 Milliarden Goldmark soll Deutschland für die Dauer von 42 Jahren zahlen. Gegen diesen Alliiertenbeschluß vom Januar 1921 donnert Hitler im Münchner Zirkus Krone auf seiner Protestkundgebung „Zukunft oder Untergang" am 3.2.1921 in unerbittlicher Vehemenz los. Und 6500 Zuhörer überschütten ihn mit Ovationen und stimmen die Nationalhymne an.

Hinfort ist Hitler Tag und Nacht unterwegs. Von Versammlung zu Versammlung. Mit „fanatisch kalt aufglänzenden Augen" richtet er seine Faszinationskraft auf die Lauschenden und Gaffenden. Muß sich das deutsche Volk nicht nur gegen den Westen, sondern gleichermaßen auch gegen eine drohende bolschewistische Diktatur á la Lenin und Stalin wehren? Und im Dezember überfallen tatsächlich kommunistische Rowdys die Nazis als verhaßte Konkurrenz, sprengen sogar Versammlungen der NSDAP. Im Folgejahr werden Kommunisten sogar über Polizeiwachen herfallen und dort Munition und Waffen erbeuten.

Jetzt öffnen sich für Hitler alle Schleusen. Nicht nur auf die Thälmannroten drischt er verbal ein, sondern auch auf Monopolkapitalisten, Juden, Freimaurer, Jesuiten und Artfremde. Endlich kann sich physische Gewalt ihre Bahn brechen. Skrupellose Gewalt macht sich von Zeit zu Zeit auf den Straßen breit, Krawalle und Zusammenrottungen. Die SA terrorisiert nun ihrerseits. Hitler schreit hinaus, die Polizei solle getrost „sich immer wieder mit uns beschäftigen" und dies nicht nur anläßlich der frequenzhohen Saalschlachten. Seine Anhänger, die sich durch NSDAP-Mitgliedschaft einen eigenen gesellschaftlichen Aufstieg später in vielleicht sogar elitäre Bereiche erhoffen, erfahren nun seitens ihres Diktators in dessen Münchner Rede vom 2.11.1922: „Für uns gibt es nur eine Lösung, und die lautet: Sieg oder Tod!" Freilich will nicht Jeder unbedingt die Märtyrerkrone tragen. Sollen sie nur als Hitlers „Menschenmaterial" Verwendung finden? Doch Andere bewundern auch da noch Hitlers agitatorisches Genie. Und Leute wie Rudolf Heß staunen immer wieder:

„Hemmungslos in der raschen Durchführung, rücksichtslos gegen sich und Andere, erbarmungslos hart.“

Im politischen Panoramablick: eine zuverlässige Demokratie war im nachkaiserlichen Deutschland noch längst nicht fest verankert. Inzwischen hatten sich von der SPD mit dem Reichspräsidenten Friedrich Ebert an der Spitze Unabhängige abgespalten, und ein beachtlicher Teil derselben sich 1922 in die Kommunistische Partei eingebracht. Das kam Hitler sogar gelegen; denn zerbrochen sei die deutsche Sozialdemokratie „infolge des Umstandes, daß sie ihre Revolution im Rahmen einer Demokratie verwirklichen wollte. Der Nationalsozialismus ist das, was der Marxismus hätte sein können, wenn er sich aus der absurden künstlichen Bindung an eine demokratische Ordnung losgelöst hätte.“ Und so proklamiert Hitler noch im Sommer des gleichen Jahres 1922 seine NSDAP – Auffangbecken für Mittelständler und gehobene Arbeiterschichten – als eindeutiges antiparlamentarisches Kampfinstrument mit der Zentralfunktion: „Aufgabe der Propaganda ist die Zersetzung des bestehenden Zustandes.“

Darin sah sich Hitler keineswegs chancenlos. Denn das liberale Gedankengut verflüchtigte sich im Nachkriegsdeutschland zusehends. Nach der USPD-Abspaltung verfügten Eberts Sozialdemokraten auch im Verbund mit anderen aufrechten Demokraten bereits im Jahre 1921 nicht mehr über die Mehrheit der Mandate im Deutschen Reichstag; sie befürchteten für die Zukunft zunehmende Zusammenballung an dessen linkem und rechtem Rand. Und begingen selber ihren Sündenfall, als sie im Jahre 1923 Kommunisten in die sächsische und thüringerische Landesregierung aufnahmen.

Für die Hitleranhänger in München ist der siegreiche Marsch Mussolinis an der Spitze seiner Faschisten auf Rom 1922 ein Fanal. Doch noch weit mehr profitierten sie von der französischen Militärbesetzung des deutschen Ruhrgebietes, die nun auch gutwillige Zeitgenossen in Rage versetzt. Selbst die Reichsregierung ruft zum passiven Widerstand auf. Streiks und Sabotage. Partisanen greifen die Franzosen an. Die antworten mit Verhaftungen und Deportationen. Weit härter wirken sich die Folgen der Wirtschaftsblockade aus. Ein ungeheurer Währungsverfall tritt ein. Die Geldinflation von 1923 trifft nahezu alle Schichten des deutschen Volkes. Außer glücklichen Immobilieneignern verlieren die erschrockenen Menschen ihre meist mühsam angesammelten Ersparnisse. Alles Wassermassen auf die Mühlen Hitlers, der sich schon jetzt als einziger wirklicher Retter aus Not und Elend anzupreisen vermag und seinem Rachehaß nun erst recht die Zügel schießen lassen kann: „Die Überzeugung vom Recht der Anwendung selbst brutalster Waffen ist stets gebunden an das Vorhandensein eines fanatischen Glaubens an die Notwendigkeit des Sieges einer umwälzenden neuen Ordnung dieser Erde."

Die rechtsstehenden, nationalgesinnten Kräfte im bayrischen Staatsapparat sympathisieren begrenzt mit solcher Zielsetzung. Selbst katholisch-konservativen Kreisen stehen die randalierenden SA-Männer in München und Umgebung näher als die sozialistische Bandbreite im fernen Berlin. Der seitens der NSDAP neuerdings herausgegebene „Völkische Beobachter" findet mehr und mehr Leser.

Hitler entgeht keineswegs der sich zunehmend verschärfende Konflikt zwischen rechtsdemokratischen bayrischen Staatsregierung in München und der demokratischen Reichsregierung unter Gustav Stresemann in Berlin mit linker Schlagseite. Er schlägt eine gemeinsame Attacke Bayrischer Staatsregierung - NSDAP gegen die in Berlin vor. Die Münchener Regierungsfunktionäre wollen jedoch den demokratischen Grundkonsens nicht verletzten. Über Putschpläne renommierter und nationalkonservativer Anhänger wird gemunkelt. Denen will Hitler unbedingt zuvorkommen. Scheinheilig lädt er Bayerns oberste Sicherheitshüter, den Generalstaatskommissar von Kahr, den Wehrkreiskommissar der Reichswehr General von Lossow und den Landespolizeichef von Seisser zu einer Versammlung im Münchener Bürgerbräukeller am 8.11.1923 ein. Dort unterbricht er Kahrs Ansprache mit einem Pistolenschuß und drängt, während NS-Schwerbewaffnete den Saal besetzen, das Trio Kahr-Lossow-Seisser in einen Nebenraum ab, wo er sie mit vorgehaltener Pistole zwingt, am Folgetag Bayerns „Nationale Erhebung" und den Marsch nach Berlin zum Sturz der Reichsregierung und zu Ausrufung einer gesamtdeutschen „Nationalen Diktatur" zu proklamieren: „Sie müssen mit mir kämpfen, mit mir siegen, mit mir sterben". In Anwesenheit von General Ludendorff gibt das Trio scheinbar nach und läßt im Großen Saal eine heuchlerische Versöhnungsszene über sich ergehen. Kaum wieder in Freiheit, alarmieren die erpreßten Kahr, Lossow und Seisser ihren Sicherheitsapparat und bereiten sich auf eine entscheidende Auseinandersetzung mit den ihnen zu radikalen Hitleranhängern vor.

Am nächsten Morgen wird Hitler im Bürgerbräukeller bewußt, daß „der Kahr ein Verräter, ein Verbrecher ist." Gemeinsam mit Ludendorff beschließt er gleichwohl, an der Spitze eines nach Tausenden zählenden Demonstrationszuges durch Münchens Innenstadt zu ziehen: „Es wird marschiert, und wenn ich unter den feindlichen Salven den Tod finde.“ Bedenken werden laut. Darauf der Parteidiktator: „Wer es wagt, sich mir entgegenzustellen, den zerschmettere ich.“ Die Putschisten ziehen über den Marienplatz, wollen zum Odeonsplatz. Dort versperrt ihnen Seissers Polizeikommando die Straßen. Ihnen schreit Hitler entgegen: „Ergebt euch!“ Ein wirkungsträchtiger Geschoßhagel ist die Antwort. Hitler wirft sich zu Boden, robbt und schleicht sich zurück, überläßt Tote und Verwundete seines Haufens ihrem Schicksal, entert ein Fluchtauto und wird zwei Tage später in Uffing verhaftet, anschließend in die Gefangenschaft zu Landsberg am Lech eingeliefert.

Die NSDAP wird in Bayern, später im gesamten Deutschen Reich verboten. Durch Gerichtsurteil vom 1.4.1924 wird Hitler wegen Hochverrats zu fünf Jahren Festungshaft verurteilt, von denen er freilich nur die geringste Zeit absitzen muß.

Er, der natürlich wieder einmal die Schuld am Mißlingen einer Aktion Anderen zuschiebt, übernimmt zwar die Verantwortung für den Verlauf des Putsches, preist ihn jedoch als eine Gipfelleistung des deutschen Patriotismus. Fast hätte sich der Angeklagte zum Ankläger gewandelt. Schnell bekommt er mit, daß Gerichtsspruchkörper und Staatsanwalt verdeckte Sympathien für ihn hegen. Sein Putschistenschicksal bewegt eine weitverzweigte Öffentlichkeit. Sein Name wird nun viel mehr Menschen als bisher ein Begriff, besonders solchen, die unter der inflationsbedingten Verarmung stöhnen.

Nach seiner Machtergreifung im Jahre 1933 erinnert sich Hitler sehr wohl jenes 9.11.1923. Am 4.7.1934 wird die gräßlich verstümmelte Leiche des Generalstaatskommissars Gustav von Kahr im Dachauer Moos gefunden.

IV. Die zweite NSDAP (1925-1932)

Noch im Jahre 1924 erfolgt in Landsberg am Lech Hitlers vorzeitige Haftentlassung. Was nun? Von seinem Lebensziel, Rache an der bürgerlichen Gesellschaft zu nehmen, die ihn namentlich in Wien in eine verkrachte Existenz hineingestoßen hatte, sieht er sich jetzt weiter denn je entfernt. Nochmals zu putschen wie am 9.11.1923 vor dem Münchener Odeonsplatz betrachtet er als aussichtslos.

Er studiert genauer die Weimarer Reichsverfassung und entdeckt in ihr einige Schwachpunkte. Besteht da nicht die Möglichkeit, auf solchem Verfassungsboden sich Einfluß und Macht zu erringen? Vorausgesetzt, man weiß eine Partei hinter sich, die ihrem Führer in Kadavergehorsam treu ergeben ist? Also muß man sich wohl oder übel auf den Boden der Legalität begeben, sich parlamentarischen Ordnungsprinzipien unterwerfen und notfalls den zerknirschten reuigen Sünder vorgaukeln. Doch dann „werden wir zum Ärger der katholischen und marxistischen Abgeordneten unsere Nase in den Reichstag stecken." Vor dem bayrischen Ministerpräsidenten Held schwört Hitler am 4.1.1925 jedwedem Putschismus ab und erwirkt bei ihm eine Aufhebung des Verbotes der NSDAP; Held glaubt, „die Bestie gezähmt" zu haben.

Nun macht sich der Wolf im Schafspelz daran, eine neue NSDAP aufzubauen, die sich ganz legalistisch ins vorgegebene politische Leben eingliedern soll. Am 27.2.1925 wird die Partei im Münchener Bürgerbräukeller neugegründet. Von Anfang an läßt sich Hitler diktatorische Vollmachten einräumen. In der Folgezeit von der Öffentlichkeit kaum beachtet, entwickelt er auf Grund wohldurchdachter Strukturierungen seine NSDAP zu einem lenkbaren, schlagkräftigen Instrument. Im Gegensatz zur ersten Parteigründung wird sie von Anbeginn an auf das gesamte Reichsgebiet ausgedehnt. Unverändert jedoch die beiden anzusprechenden Zielgruppen: alle die Arbeiter und alle die Bürgerlichen, die sich der nationalen Idee verpflichtet fühlen.

Selbst ein radikaler Chef wie Hitler gerät folgezeitlich in Schwierigkeiten, seine Partei fest zusammenzuhalten. Auch wenn sein Führeranspruch auf den jährlichen Generalversammlungen eindrucksvollbestätigt wird. Langsam bildet sich so etwas wie ein linker Parteiflügel mit kapitalistenfeindlicher Tendenz heraus, vor allem auf Betreiben der Brüder Strasser. Auf der Parteikonferenz vom Februar 1926 in Bamberg glätten sich noch einmal die Wogen. Den Gregor Strasser setzt Hitler auf schwierigen Arbeitsfeldern ein. Otto Strasser fordert gleichwohl in zeitlichen Abständen Vergesellschaftung der Schlüsselindustrien. Wütend schnauzt ihn Hitler endlich 1930 an: „Ich bin Sozialist, war einmal ein einfacher Arbeiter. Aber was Sie unter Sozialismus verstehen, ist krasser Marxismus. Die Masse der Arbeiter verlangt nichts anderes als Brot und Spiele." Otto besteht auf Verstaatlichungen. Hitler zu ihm: „Das ist ja geradezu Bolschewismus. Das wäre das Ende der deutschen Wirtschaft." Als der Linksdrall des an sich verdienstvollen Gregor noch tollere Blüten treibt, wirft Hitler die ihm zu gefährlich gewordenen Brüder aus der NSDAP.

Problematischer für Hitler verläuft die Entwicklung der SA wegen deren militärischer Schlagseite. Notwendig bleibt ihre Existenz schon angesichts der wiederauflebenden kommunistischen Überfälle. Erneut vertraut deren Aufbau Hitler dem Hauptmann Röhm an. Doch bald verabschiedet er ihn, weil dessen optimaler Kontakt zu Reichswehrkreisen zu verfänglich erscheint. Mit aller Schärfe grenzt jetzt Hitler nicht nur die NSDAP, sondern auch die SA gegen die mannigfachen anderen Wehrverbände ab. Getreu dem von ihm jetzt verfolgten Legalitätsprinzip verbietet er Parteigenossen wie SA-Männern, Waffen zu tragen. Zusammenarbeit mit anderen paramilitärischen völkischen Gruppen wird strikt untersagt. Röhms Nachfolger, der ehemalige Freikorpsführer von Pfeffer, ist zwar Hitler treu ergeben, verfügt jedoch nicht über das erforderliche Durchgriffsvermögen; er bittet schließlich 1930 von sich aus Hitler um seinen Abschied. Der setzt nun wieder angesichts der sich verkomplizierenden politischen Lage den bewährten Röhm an Pfeffers Stelle, doch nur als OSAF, als Stabschef der SA, während er sich die Führung der Truppe selbst vorbehält. Die bisher der SA inkorporierte SS-Schutzstaffel löst er jedoch aus derselben und verpflichtet sie sich als treu ergebene persönliche Prätorianergarde. Die Zahl jener SS-Angehörigen blieb deshalb während der Weimarer Zeit bewußt begrenzt, während die nach außen hin jederzeit einsatzbereite Parteiarmee SA im späteren Jahre 1932 über mehr als 300000 bürgerkriegsähnlich Mobilisierte verfügte.

Von diesen beiden Strukturessentials – straffe Parteigliederung von oben nach unten und gehorsamer SA – abgesehen dürfen und sollen sich sogar NS-Parteiuntergliederungen bilden, die dann in diverse Bevölkerungsgruppen zusätzlich hineinwirken; für Lehrer, für Landwirte, für Ärzte, spezifisch für Frauen und natürlich auch für junge Menschen; die 1926 gegründete Arbeiterjugend firmiert später als Hitlerjugend (HJ).

Fast noch erwünschter sind werbewirksame Dekorierungen, nichtsoldatische Uniformen vor allem, mit getragenen Abzeichen und Auszeichnungen, Wimpel, Flaggen, Standarten und ritualer Pomp bei Aufmärschen und in Versammlungssälen.

Die spirituelle Hauptlast freilich – Hitler weiß es – liegt auf ihm selbst: propagandistisch ins Volk hineinzuwirken. Nach Aufhebung des über Hitler am 25.2.1925 verhängten Redeverbotes im Folgejahr ergießen sich jetzt seine Agitationsattacken, bisher quälend zurückgestaut, in die Öffentlichkeit hinein, zumeist auf Wahlkampfveranstaltungen, doch immer abgezirkelt im Rahmen der Legalität.

Gestützt auf ein ungewöhnliches, nie versagendes Gedächtnis, auf nur wenige, zuvor notierte Stichworte und auf glänzend einstudierte theatralische Gestik schlägt der in Massenpsychologie bereits erfahrene Demagoge schnell alle Rednerkonkurrenten aus dem Feld. Nachdem fast alle Deutschen schwer getroffen von den Geldinflationsverlusten von 1923 sind, geht es um die „Beseitigung des gegenwärtigen Zustandes." Schnell weiß er neue Ressentiments zu wecken, weiß nur zu genau, was die Menschen zutiefst bewegt, weckt ihre Leidenschaften, ihren Zorn auf die gegenwärtigen wirtschaftlichen und erst recht sozialen Zustände. Der Meister der billigen und gerade deshalb beeindruckenden Rhetorik zündet die Emotionen in seinen Zuhörern, rüttelt ihre Instinkte wach, vermag die dadurch freigesetzten Energien zu manipulieren, sie dämonisch in seinem Sinne zu lenken. Rationalität ist längst durch im Verlogenen wurzelnde Suggestiveinwirkung ersetzt. Skrupellos schlägt er auf die Exponenten anderer Parteien ein, auf die der Kommunisten zumal. Dahinter schäumen Orgien des Hasses, der in ihm seit Wien 1907-1913 wütet, und der sich jetzt endlich in reißenden Wortkaskaden ergießen kann. Und die Zuhörer nehmen es schon hin, wenn im Blick auf die äußeren und innern Feinde der Nation an „Brutalität und Bestialität" appelliert wird. Manche lachen über den Fanatiker, der sich in seiner Hysterie manchmal fast selbst überschlägt, doch das Lachen wird ihnen eines Tages vergehen. Erstmals reitet er auch schon auf der Welle des Antisemitismus; würde der Jude in Deutschland nicht existieren, so „müßten wir ihn erfinden. Man braucht einen sichtbaren Feind, nicht bloß einen unsichtbaren."

Und seinen Anhängern bleut er immer wieder die ungemütlich radikale Alternative ein: „Entweder ist die NSDAP die kommende Bewegung Deutschlands, dann wird kein Teufel sie aufhalten können; oder sie ist es nicht, dann verdient sie, vernichtet zu werden."

Zunächst arbeitet die Zeit gegen ihn. Der Entrüstungssturm gegen die geldinflationäre Katastrophe von 1923 flaut ab. Mit Hilfe von Schachts neuer Reichsmark ermöglicht sich ein Aufbau und Ausbau namentlich in mittleren Betrieben. Die Zahl der Arbeitslosen im Reich tendiert gegen eine bloße halbe Million. Die Ruhrbesetzung wird beendet. Der Locarnopakt wird abgeschlossen. Sogar mit Stalins Sowjetunion werden vertragliche Vereinbarungen getroffen. Stresemanns Bemühungen nach den verschiedenen Seiten hin tragen Früchte. Vielleicht stellt es sich nachträglich als Hitlers bedeutendste Leistung in politischer Hinsicht dar, daß er diese – für ihn – Durststrecke bis zum ominösen Jahr 1929 innerhalb der Legalität unbeschadet durchgestanden hat. Denn Erfolge für ihn im parlamentarischen Raum stellen sich da wahrhaftig nicht ein.

Der untrügliche Spiegel von politischen Konkurrenzkonstellationen ist das Resultat einer geheimen, gleichen, direkten Wahl. Die Hitlerleute erringen anläßlich der Reichstagswahl von 1926 gerade einmal 2,6% der abgegebenen Stimmen und erkennen sich damit als Splitterpartei wieder. Hitler steigert die Frequenz seiner Propagandareisen und Wahlkampfeinsätze Mit Nachdruck erinnert er an das Schicksal von Danzig und den polnischen Korridor in Westpreußen. Trotz jener schmerzvollen Gebietsverluste sind die deutschen Wähler nicht hinreichend zu emotionalisieren. Bei der nächsten Reichstagswahl vom 28.5.1928 erhält die NSDAP abermals nur 2,8% der abgegebenen gültigen Stimmen; die erbringen ihr gerade 12 Mandate; die NSDAP liegt damit an neunter Stelle unter den Fraktionen im Reichstag.

Da die Arbeiterschichten mehrheitlich ihre Stimmen unverändert SPD und KPD gegeben haben, wendet sich Hitler zwecks Stimmenfanges an das entgegengesetzte parlamentarische Lager. Das sich im wesentlichen aus Monarchisten im engeren Sinne, betont Nationalen und Konservativen zusammensetzt. Dieser monarchistische Block, der einst unter Bismarck (1878) mit 52,4% aller abgegebenen Wahlstimmen die Mehrheit im Reichstag gestellt hatte, war bereits unter Kaiser Wilhelm II. (1912) auf eine Quote von 26,3% abgesackt. Und die absteigende Linie sollte sich innerhalb der neuen Republik fortsetzen: 1920: 29,0%; 1924: 28,7%; 1928: 22,9%; 1930: 11,5%. Die – im weitesten Sinne – Monarchisten verloren beim Umsturz 1918/19 ihre halbe Vorherrschaft an die Erzdemokraten (Eberts SPD, Zentrum, Liberale), mußten sich mit diesen unter Stresemann (1923) partiell arrangieren und sehen sich 1930 fast schon wieder im Vorhof der Macht. Eine mittelbare Zusammenarbeit mit der NSDAP erscheint mittlerweile opportun. Denn mit deren Hilfe hoffen sie die klassenkämpferischen Anstrengungen der Sozialisten zu bremsen. Hitler seinerseits vermag dadurch Vorurteile und bisheriges Mißtrauen jener rechtsgerichteten Kreise gegen sich und seine Partei abzubauen. So etwas wie ein „gentleman Agreement" zum beiderseitigen Nutzen. Und da sich der plebejische Parteichef auch noch gegen eine entschädigungslose Enteignung der 1918 abgedankten deutschen Fürstenhäuser wendet, erhält er seitens der Herzogin aus Sachsen-Anhalt monatlich erhebliche finanzielle Zuwendungen.

Gleichwohl: trotz unermüdlicher reichsweiter rhetorischer Einsätze bleibt Hitler auf seine Splitterpartei eingegrenzt. Und er wäre ein Nichts in der weltgeschichtlichen Entwicklung auch geblieben, wenn nicht im Jahre 1929 der sogenannte Schwarze Freitag von New York über die Finanzwelt geklommen wäre. Die dadurch ausgelösten unglaublichen Fernwirkungen hätten dem Wirtschaftskörper eines vollsaturierten kaiserlichen Vorkriegsdeutschland kaum etwas anhaben können. Doch jetzt trafen sie ein total ausgepowertes Land, das gerade seinen Genesungsprozeß einleiten wollte. Eigentlich wirkte es sich noch schlimmer aus als im Jahre 1923. Was jedenfalls die Folgen anlangte: mehr Pleiten, Konkursanträge, Bankrotte, sonstige Zusammenbrüche. Und vor allem die dadurch ausgelöste Arbeitslosigkeit. Deren numerische Betroffenenziffer von 1,3 (1929) über 3,0 (1930), 4,3 (1931), 5,1 (1932) auf über 6 Millionen (Januar 1933) anstieg.

Parlamentarisch bringen es die Reichswahlen vom 31.7.1932 an den Tag: die SPD, die bereits 1930 über 575000 Wähler abgeben mußte, verliert nochmals über 600000; die demokratiefeindliche KPD, die 1930 1,3 Millionen zusätzlich an sich ziehen konnte, gewinnt 700000 Wähler hinzu. Doch für die NSDAP ist Deutschlands wirtschaftliche Malaise ein wahres Geschenk der Himmels. Hatte sie bereits in der Reichstagswahl vom 14.9.1930 ihren prozentualen Anteil von 2,6 (1928) auf 18,3 zu erhöhen vermocht, so steigert sie ihn jetzt im Jahre 1932 auf 37,2 und wird somit stärkste Partei im deutschen Reichstag. Entsprechend rapid steigt ihre Mandatszahl an; von 12 (1928) über 107 (1930) auf nunmehr 237 (1932). Gemeinsam majorisieren jetzt die antidemokratischen Parteien das Parlament. In jener Zeitphase, in dem schon jede dritte Familie in Deutschland auf Sozialunterstützung angewiesen ist, und in der sich die Selbstmorde verzweifelter Geschäftsleute im „versunkenen Mittelstand" häufen, verkündet Hitler: „Niemals in meinem Leben habe ich mich so wohl und innerlich zufrieden gefühlt wie in diesen Tagen." Mit einer virtuosen Heuchelei ohnegleichen fängt er die zahllosen Verzweifelten auf und bietet sich ihnen als Deutschlands noch einzig möglicher Erretter an.

Erzdemokraten und „Monarchisten“ von ehedem können sich gemeinsam kaum noch auf 40% der wahlfähigen Bevölkerung stützen. Nur noch auf Zusammenstöße zwischen den beiden diktatorisch ausgerichteten Parteien NSDAP und KPD können sie hoffen. Zu allem Überdruß zerstreiten sich die beiden wichtigsten Erzdemokratengruppen SPD und Zentrum über die Höhe von Arbeitslosenversicherungsbeiträgen. Seit Frühjahr 1930 vermag sich deshalb der Zentrumskanzler Brüning auch nicht mehr auf eine sichere parlamentarische Mehrheit zu stützen und muß zur Ultima Ratio des Erlasses von Notverordnungen greifen. Als ob sich die Demokratie durch ihre Unfähigkeit von der Republik verabschieden wollte.

Aber auch zwischen den Reichstagswahlen angesetzte Wahlen lassen die NSDAP aufwärts steigen. Sie erreicht beispielsweise bei den Oldenburger Wahlen vom Mai 1931 einen prozentualen Anteil von 37,2%, bei den Hessischen Landtagswahlen im November 1931 einen solchen von 38,5% und bei den noch weit wichtigeren Preußischen Landtagswahlen von 36,0%. Anläßlich der Reichspräsidentenwahl vom 10.4.1932 erreicht Hitler gegen die sogar seitens der SPD unterstützte mythische Figur Hindenburgs (53,0%) einen achtunggebietenden Prozentsatz von 36,8%, während der Kommunist Thälmann mit nur 10,2% abgeschlagen landet.

Der Zentrumsparteiführer Prälat Kaas bietet Hitler eine parlamentarische Koalition an. Der jetzt die Deutschnationalen anführende Hugenberg bemüht sich um ihn. Am 1.4.1932 erklärt sich sogar der preußische Kronprinz a.D. Wilhelm öffentlich für den immer noch Staatenlosen. Nur zu deutlich merkt Hitler, daß er nicht mehr zu umgehen ist, daß er zu einer machtstellungsmäßigen Schlüsselfigur aufgerückt ist: „Wir sind das Resultat des Elends, für das die Anderen verantwortlich sind.“

Dennoch hat Hitler vor dem Etappenziel einer Machtübernahme in Deutschland noch Fährnisse zu überwinden. Denn am 14.4.1932 verbietet Reichskanzler Brüning die Formation SA und SS. Als das Verbot später sein Amtsnachfolger Schleicher wieder aufhebt, prangert Kommunistenführer Thälmann diese Maßnahme als Anstiftung zur offenen Begehung von Mordanschlägen an. Doch im Juni gleichen Jahres befiehlt er in Hamburg (15 Tote) und in Greifswald (3 Tote) Feuerüberfälle auf SA-Demonstrationszüge mit Todesfolgen. Daß nun aber am 10.7.1932 in Ohlau bei Breslau auch der SPD nahestehende Reichsbannerangehörige ahnungslose SA-Männer brutal zusammenschlagen (2 Tote, 20 Schwerverletzte), zahlt Hitler nach seiner Machtergreifung den Sozialdemokraten gründlich heim. Daß er hinfort KPD und SPD in einen Topf wirft, entbehrt insofern nicht der Ironie, als der bolschewistische UdSSR-Machthaber Stalin die deutschen Kommunisten nachdrücklich angewiesen hatte, ihre Hauptstöße gegen die um Arbeitergunst mit ihnen rivalisierenden Sozialdemokraten zu richten. So kommt es im Verlaufe des Jahres 1932 zu Straßen- und Saalschlachten, blutigen Auseinandersetzungen mit zahlreichen Todesopfern zwischen Links und Rechts, wodurch nun auch das verfassungsrechtlich garantierte Demonstrationsrecht einer absurden Lächerlichkeit preisgegeben wird.

Den politischen Linken wird nun langsam vollbewußt, daß sie bei Zusammenstößen am kürzeren Hebel sitzen. Die bereits 1931 über 800000 betragende NSDAP-Mitgliederzahl steigt weiterhin sprunghaft an. Hitlers Privatarmee SA verfügt über einen Bestand von 500000 Marschierern unter Röhm aus allen Schichten der Bevölkerung. Also über das Fünffache der Reichswehr, die von den Siegermächten in Versailles auf 100000 Mann begrenzt worden war.

Im Verlaufe des Jahres 1932 bemühen sich nun auch großindustrielle Kreise um Hitler. Um den Einzigen, der sie vor sozialistischen Enteignungszugriffen retten kann. Der Parteidiktator – unentwegt auf kräfteverschleißender Wahlkampftournee mit manchmal drei Großveranstaltungen pro Tag – ist zufrieden, wenn Gelder von Rhein und Ruhr in seine Parteikasse fließen und damit die erheblichen Wahlkampfkosten beglichen werden können. Doch ins Schlepptau der Reichen läßt er sich nicht nehmen. Wenn seinen Einsatz Thälmannkommunisten und Moskauer Stalinbolschewisten als marionettenhafte „offene terroristische Diktatur der reaktionärsten, chauvinistischsten und imperialistischsten Elemente des Finanzkapitalismus“ anprangern, so ist das angesichts der völligen Verdrehung einer Beziehung zwischen Diktator und Industrie kompletter Blödsinn. Ihm widerstrebende Wirtschaftsführer hätte ein Hitler ebenso wie SA-Bonzen und Generalfeldmarschälle ohne Wimperzucken hängen lassen. Vor dessen Hinauswurf aus der NSDAP schreit er den Linksexponenten Otto Strasser, der partout die deutsche Großindustrie verstaatlichen will, an: „Das ist ja geradezu Bolschewismus. Das wäre das Ende der deutschen Wirtschaft. Halten Sie mich für so verrückt, daß ich die deutsche Großindustrie zerstören will? Nur wenn die Tätigkeit den Interessen der Nation zuwiderläuft, dann und nur dann müßte der Staat intervenieren.“

Gleichwohl beschleicht auch die Deutschnationalen aller Schattierungen ein ungutes Gefühl vor dem ehemaligen „böhmischen Gefreiten“ mit seinem nur zu schlagkräftigen Apparat. Sie brauchen ihn zwar, sie wollen ihn jedoch so in ihre Regierungsarbeit einbinden, daß nicht er, sondern daß sie das letzte Wort zu sagen haben. Hitler, wenn auch diesmal vom Glück auffallend begünstigt, lehnt das ihm angebotene Vizekanzleramt ab; er will Reichskanzler werden, die Anderen können dann so viel Ministerposten erhalten, wie sie wollen. Der nun abhebende, sich über Monate bis zum 30.1.1933 hinziehende kabinettspolitische Eiertanz namentlich zwischen Papen, von Schleicher, Brüning und Hugenberg vor allem in den Vorzimmern des Reichspräsidentenpalais ist oft beschrieben worden. Vor allem die aus dem grotesken zahlenmäßig Mißverhältnis der Reichswehr zur SA her resultierende Furcht Schleichers beim Eintritt des Falles eines Falles. Eine politische Tugend wird man freilich Hitler während jener nervenverschleißenden Zeitphase der Entscheidungsreife nicht absprechen können: Abzuwarten und Durchzuhalten, bis seine Stunde gekommen ist.

V. Die Machtergreifung (1933-1938)

De jure erfolgt sie mit der Ernennung Hitlers zum Kanzler des Deutschen Reiches durch Hindenburg. De facto hingegen erst in mehreren Etappen. Dabei folgt Hitler seiner von ihm selbst in „Mein Kampf“ vorgegebenen Leitlinie: „Ehe man äußere Feinde besiegt, muß erst der Feind im eigenen Inneren vernichtet werden.“

Dabei kommt unvorhergesehen ihm wieder einmal ein glücklicher Zufall zu Hilfe. Der holländische Kommunist van der Lubbe legt im deutschen Parlamentsgebäude, in Paul Wallots Reichstag, einen flächendeckenden Brand. Noch am gleichen Tag, dem 28.2.1933, erwirkt Hitler bei Hindenburg eine „Verordnung zum Schutz von Volk und Staat.“, die es ihm ermöglicht, die Thälmann-Kommunisten im Lande zu verfolgen und, soweit möglich, zu inhaftieren. Und das ganz legal, denn die Verordnung hebt die bürgerliche Freiheitsrechte auf. Eine weitere Verordnung „gegen Verrat am deutschen Volke und hochverräterische Umtriebe“ erlaubt den Staatsorganen jetzt sogar quasiterroristische Zugriffe.

Legal und störungsfrei wickelt sich die Reichstagswahl vom 5.3.1933 ab. Bei einer Wahlbeteiligung von 90% erhält die NSDAP für sich allein zwar nur 43,9% der Wählerstimmen, verfügt jedoch zusammen mit den 8% des rechten Hugenbergblokkes über die Mehrheit im Parlament. Die Erzdemokraten bringen es gemeinsam auf 30,4%, die Kommunisten auf erstaunliche 12,3%. Immerhin ermöglicht das Resultat den „historischen“ publikumswirksamen Händedruck zwischen Reichspräsidenten und Reichskanzler am 21.3.1933 vor und in der Potsdamer Garnisonkirche.

Nächste Machtergreifungsstufe: Hitler bringt am 23.3.1933 das berühmtberüchtigte Ermächtigungsgesetzt mit 444 Ja-Stimmen durch den Reichstag. Trotz Bedenken vieler Erzdemokraten in der Mitte des Parteienspektrums, vor allem innerhalb der Zentrumsfraktion. Denn dieses „Gesetz zur Behebung von Not von Volk und Reich“ ermächtigt die Reichsregierung, selbst unter Verletzung von Reichsverfassungsbestimmungen Reichsgesetze zu beschließen. Hitler darf an Hindenburgs Stelle Notverordnungen erlassen. Die sozialdemokratische Fraktion stimmt geschlossen gegen das Gesetz. Ihr hält der aufgebrachte Hitler entgegen: „Warum haben sie nicht Ihre Freunde Braun und Severing belehrt, die jahrelang mir vorwarfen, ich sei doch nur ein Anstreichergeselle!? Jahrelang haben Sie das auf ihren Plakaten behauptet. Und endlich hat man mir sogar gedroht, mich mit der Hundepeitsche aus Deutschland hinauszutreiben.“ Die SPD bleibt bei ihrem Nein, und ihr tapferer Fraktionsführer Otto

Wels ruft ins Plenum, alles Mögliche könne man ihm und seinen Genossen nehmen, nur nicht die Ehre: „Wehrlos zu sein bedeutet nicht, ehrlos zu sein.“ Hitler brüllt zurück: „Ich brauche Ihre Stimmen nicht. Deutschland wird frei sein, aber nicht durch Sie.“

Auf Grund von Gesetzen vom 31.3. und vom 7.4.1933 werden die einzelnen Länder und Freistaaten mit dem Reich gleichgeschaltet, der innerstaatliche Föderalismus beseitigt.

Am 2.5.1933 löst Hitler die Gewerkschaftsverbände auf und ersetzt sie durch seine NS-Arbeitsfront unter der Leitung von Robert Ley.

Am 22.6.1933 verbietet Hitler die SPD als Parteiorganisation. Hugenbergs Deutschnationale, die liberale Deutsche Volkspartei halten es für angeraten, sich selbst aufzulösen. Zuletzt folgen im Schatten des Reichskonkordates die Bayrische Volkspartei am 4.7. und das Zentrum am 5.7.1933.

Schließlich darf Hitler am 14.7.1933 gesetzlich verkünden, auf dem Gebiete des Deutschen Reiches sei nur noch eine Partei zugelassen: die NSDAP. Verstöße gegen deren Monopolstellung würden strafrechtlich geahndet: „Ja, wir sind Barbaren. Wir wollen es sein. Es ist ein Ehrentitel.“

Doch die zwei wichtigsten Machtfaktoren hat der Diktator damit immer noch nicht unter seiner Fuchtel: die Reichswehr und seine bzw. Röhms SA. Und da Beide – wenn auch nach außen hin noch unauffällig – zueinander in Opposition stehen, erkennt er den baldigen Zwang zu einer alternativen Option. Der eigenen Machtposition wegen. Sein eher devotes Verhalten gegenüber Hindenburg und schließlich des Reichspräsidenten spektakulärer Händedruck in Potsdam hat ihn der Reichswehrführung zugeneigter gemacht. Gefahr wittert er nunmehr eher von der anderen Seite.

Die SA unter Stabschef Ernst Röhm hatte ihm vor dem 30.1.1933 die gleichsam politischen Kastanien aus dem Feuer geholt. An die fünf Millionen Scheinidealisten hatten für ihn jahrelang die Straßenschlachten geschlagen, hatten dabei Blutzoll gezahlt, hatten ihn und seine Parteioberen notfalls mit ihren Leibern geschützt. Jetzt mußten sie befürchten, ihr Idol Hitler würde die nationalsozialistische Revolution verraten. Und daß er jetzt erst recht mit feudalen Konservativen und kapitalistischen Wirtschaftsbossen kungeln würde. Schlimmer noch: sind sie, die ehedem so gefürchteten Schlägerbanden, jetzt nicht über Nacht funktionslos geworden? Welche Verwendung hat denn der ehedem heißgeliebte Führer nun noch für sie? Besitzen sie nicht zumindest ein Anrecht auf eine – wie auch immer geartete – Belohnung für ihren andauernden Treueeinsatz? Unter ihnen zahlreiche Arbeitslose? Oder hat inzwischen der Mohr seine Schuldigkeit getan?

Jetzt hören Röhm und seine Führergarnitur aus Hitlers Munde, die bewaffnete Staatsmacht müsse ausschließlich bei der Reichswehr verbleiben. Hingegen dürfe sich die SA der vormilitärischen Ausbildung der Bevölkerung annehmen, dürfe sie auch NS-weltpolitisch schulen. Im Juni 1933 tritt Röhm in voller Entschiedenheit vor Hitler auf: seine SA habe nicht Opfer über Opfer in den vergangenen Jahren dafür gebracht, daß jetzt die NS-Revolution mit ihren gesellschaftlichen Umstürzen plötzlich aufgegeben werde. Hitler wird vollends hellhörig. Mit ihm Göring, Heß, Himmler, Goebbels und die meisten seiner Paladine. Sie erfahren, daß das martialische Auftreten der SA bei der Bevölkerung teilweise Schreckensbesorgnisse auslöst. Röhm bleibt unnachgiebig. Seitens seiner Unterführer verschafft er sich bedingungslose Loyalität, erweitert sein militärähnliches Waffenausbildungsprogramm, organisiert SA-Feldpolizei, sogar die Ansätze zu einer SA eigenen Gerichtsbarkeit, inszeniert mit sich steigernder Frequenz monströse Aufmärsche unter Marschklängen und Standarten. Hitler seinerseits versichert sich des Beistandes der Reichswehrgenerale und baut nun erst recht seine mit der SA konkurrierenden SS-Verbände zu einer privilegierten, ihm treu und bedingungslos ergebenen Schutzgarde aus. Röhm, soweit er davon erfährt, läßt sich nicht beeindrucken, prahlt mit der Einsatzkraft seiner 30 SA-Divisionen und klagt an: „Er verrät uns Alle. Er geht nur noch mit Reaktionären um. Seine alten Genossen sind ihm zu schlecht."

Zu Sommerbeginn des Jahres 1934 ist es so weit. Die Reichswehr, die sich einer unverändert fünffachen Übermacht gegenübersieht, stellt Hitler vor die Wahl. Der mit seinem untrüglichen Machtinstinkt weiß, wo sich die dennoch stärkeren Bataillone befinden. Und er handelt mit der ihm eigenen überfallsartigen Schnelligkeit, Gewissenlosigkeit und Rücksichtslosigkeit. Denn jetzt vermag er nicht mehr auszuschließen, vielleicht doch die Kontrolle über die SA an den widerspenstigen Röhm verloren zu haben.

Die SS erweist sich als sein zuverlässiges, pünktliches Exekutivorgan und zugleich Exekutionsorgan. Am 30.6.1934 und am Folgetag läßt Hitler die Hälfte der höhergestellten SA-Führer ermorden. Ernst Röhm höchstselbst an dessen momentanen Aufenthaltsort Bad Wießee am Tegernsee, wo er eine Kadertagung abhalten wollte. Die Meisten hingegen in der Kadettenanstalt von Berlin-Lichterfelde-West. Teuflische Begründung: die SA habe gegen ihn putschen wollen; Röhm habe zu einem Staatsstreich angesetzt. Und die gemeinste Diffamierung des Reichskanzlers: das wären alle homosexuelle Schwule gewesen; dabei ist nur der schlesische SA-Gruppenführer mit einem Mann im Bett entdeckt worden. Nicht genug damit! Hitler erläßt am 3.7.1934 ein Einparagraphengesetz: „Die zur Niederschlagung hoch- und landesverräterischer Angriffe am 30.6., 1.7. und 2.7.1934 vollzogenen Maßnahmen sind als Staatsnotwehr rechtens"; solches SA-Führergesindel – so am 13.7.1934 vor dem Einparteienreichstag – müsse man „ausbrennen bis auf das rohe Fleisch." Den Anlaß benutzt Hitler umgehend, auch noch offene Privatrechnungen zu begleichen. Unter anderen läßt er ermorden: seinen ehemaligen Mitstreiter Gregor Strasser, den Leiter der Katholischen Aktion, Erich Klausener, sowie seinen Vorgänger im Kanzleramt, General von Schleicher. Letzterer verkörpert für ihn die entscheidende Nagelprobe: würden sich die Reichswehrgenerale gefallen lasse, daß einer der ihren in seinem Hause kaltblütig mit seiner Frau umgebracht wird? Zu seinem Glück hatte Hitler deren Feigheit zutreffend eingeschätzt: im Gegensatz zur tiefen Verunsicherung der frappierten Öffentlichkeit ob jener an Brutalität nicht mehr zu überbietenden „Säuberungsaktion" freue sich die Reichswehrgeneralität über die Liquidierung des „braunen Drecks", und ihr Oberkommandierender General von Blomberg läßt es sich nicht nehmen, dem Herrn Reichskanzler auch im Namen aller Soldaten seine herzlichen Glückwünsche zur Abwendung höchster Gefahr für Volk und Staat zu übermitteln. Und was sagt Hindenburg dazu, daß sein engster Berater und Mitarbeiter, der schon seinerzeit gegenüber Hitler skeptische General von Schleicher ermordet wurde?

Vor Jahresfrist hatte General Ludendorff an den Reichspräsidenten, den alten, engsten Waffengefährten aus dem I. Weltkrieg, geschrieben: „Sie haben durch die Ernennung Hitlers zum Reichskanzler einem der größten Demagogen aller Zeiten unser heiliges deutsches Vaterland ausgeliefert. Ich prophezeie Ihnen feierlich, daß dieser unselige Mann unser Reich in den Abgrund stoßen, unserer Nation unfaßbares Elend bringen wird. Und kommende Geschlechter werden Sie verfluchen in Ihrem Grabe, daß Sie das getan haben."

Bewundernswerte prophetische Worte! Doch dem mordenden Schweinehund, der sich für die göttliche „Vorsehung" hält, bleibt das Glück abermals hold. Hindenburg liegt auf seinem ostpreußischen Gut Neudeck im Sterben.

Den am 2.8.1934 Dahingeschiedenen läßt Hitler mit einem Pomp ohnegleichen bestatten, usurpiert durch eigenes Gesetz dessen Amt – „Vereinigung der Ämter des Reichspräsidenten und Reichskanzlers in einer Person" – und imponiert damit allen

Unkritischen. Am 19.8.1934 läßt er sich seine neue Würde eines Reichsoberhauptes auch noch plebiszitär (84,6% Zustimmung) bestätigen. Und die bisher auf Hindenburg vereidigte Reichswehr? Deren Führung erklärt ihm gegenüber ihren unbedingten Gehorsam. Nicht genug damit! Reichswehrminister General von Blomberg läßt Offiziere und Mannschaften ihren Treueeid auf Hitler persönlich schwören: „Jederzeit bereit, für diesen Eid mein Leben einzusetzen." Vor allem dann 1939-1945! Welche Wonne!

So war denn die ehedem verkrachte Wiener Existenz mit ihrem immerdar bestens verborgenen Racheabsichten Reichsoberhaupt, Chef der Reichsregierung und der eigenen Partei und obendrein Oberster Militärbefehlshaber geworden, ohne daß er es für nötig befunden hätte, die eine parlamentarische Demokratie ausweisende Weimarer Reichsverfassung außer Kraft zu setzen. Erst jetzt ist der Machtergreifungsprozeß narrensicher abgeschlossen. Und hochzufrieden kann Hitler auf dem Nürnberger Parteitag von 1934 verkünden: „In den nächsten tausend Jahren findet in Deutschland keine Revolution mehr statt."

Der eigenen Devise folgend, vermag sich jetzt Hitler mehr und mehr den außenpolitischen Angelegenheiten zuzuwenden. Gleich wieder ein Glücksumstand für ihn: nach der Volksabstimmung vom 13.1.1935 fällt das Saarland an Deutschland zurück. Den ausländischen Mächten erklärt Hitler, er verzichte auf alle Angriffswaffen, falls sie dasselbe täten. Den seit Stresemanns Zeiten bestehenden Locarnopakt kündigt er und schließt statt dessen mit Großbritannien ein für dieses annehmbares Flottenabkommen. Am 16.3.1935 führt er in Deutschland die allgemeine Wehrpflicht mit dem Ziel ein, für Friedenszeiten Streitkräfte im Umfang von über 500000 Mann in 36 Divisionen aufzustellen. Noch brisanter sein Verstoß gegen die drakonischen Versailler Bestimmungen, als er seine Wehrmachtseinheiten im Frühjahr 1936 in die bis dahin entmilitarisierte Rheinlandzone einmarschieren läßt. Deutschlands männliche Jugend hat nun nichts mehr zu lachen: nach der Einführung der Arbeitsdienstpflicht verlängert Hitler die Wehrdienstpflicht auf zwei Jahre. Das von solcher Überraschungscoupsserie verunsicherte Ausland läßt sich im Sommer 1936 in Berlin von den meisterhaft inszenierten Olympischen Spielen blenden.

Erfolgsaktionen nach außen setzen Befriedung nach innen voraus. Industrie und Unternehmer stehen zu Hitler, der sie von der kommunistischen Enteignungsdrohung befreit hat. Aber auch der Arbeitnehmer nimmt er sich unvermindert an. Arbeitsfrontchef Robert Ley ruft ihnen zu: „Arbeiter! Ich selbst habe sieben Jahre lang in einem der größten deutschen Industriewerke gearbeitet und kenne die Ausbeutung durch die anonyme Macht des Kapitals. Arbeiter! Wir werden sogar noch den Schutz und die Rechte des Arbeiters weiter ausbauen:"

Bis zum Jahre 1937 hat Hitler die 6 ½ Millionen Arbeitslosen von 1933 in Lohn und Brot gebracht. Unbestritten seine bedeutendste positive Leistung! Egal, ob mit Hilfe von Einsätzen in wachsender Rüstungsindustrie, im Autobahn- oder im Westwallbau. Im gleichen Jahr 1937 verdichten sich die deutschen Autarkiebestrebungen in Görings Vierjahresplan, aber auch die Installierung weiterer Konzentrationslager für politische Unliebsame. Die Bevölkerung ist mit den inzwischen eingetretenen Lebensverhältnissen zufrieden. Vom Nachdenken über eine allgegenwärtige politische Diktatur wird sie gezielt abgelenkt: durch pomphafte Schauveranstaltungen aller Art, singende Marschkolonnen einer zur Propagandakulisse denaturierten SA, durch Fahnen- und Fackelumzüge und pseudoreligiöse Weihstunden auch außerhalb der Parteitage. Aber auch ganz anders: durch preiswerte Ferien- und Reiseangebote der Kraft durch Freude Organisation (KDF), lockende Freizeitgestaltungsangebote und auch mit Sport und Tanz. Selbst in seinem ureigensten Lebenskreis soll sich das Individuum gesellschaftlicher Betätigung froh öffnen.

Um die Jahreswende 1937/38 hält sich Hitler für stark genug, auch die schwerwiegenden Folgen des Versailler Diktats von 1919 zu liquidieren. Im Februar erklärt er dem österreichischen Bundeskanzler Schuschnigg auf seinem Obersalzberg selbstbewußt: „Ich habe einen geschichtlichen Auftrag. Und den werde ich erfüllen, weil mich die Vorsehung dazu bestimmt hat." Und auf dessen Weigerung eines freiwilligen Anschlusses Österreich an das Reich in aller Schärfe: „Ich habe noch alles erreicht, was ich wollte, und ich bin vielleicht dadurch zum größten Deutschen der Geschichte geworden." In Erinnerung an die Annexion Bosniens und der Herzegowina durch den K.u.K.-Staat im Jahre 1908 läßt Hitler seine Wehrmacht in Österreich einrücken und genießt es auf dem Wiener Heldenplatz als ehemalige verkrachte Existenz, in der Donaumetropole nun als umjubelter neuer Alleinherrscher aufzutreten.

Komplizierter gestaltet sich im Herbst des gleichen Jahres 1938 Hitlers Einmarsch in das deutsche Sudetenland. Die rachesüchtigen Verfasser des Versailler Diktats hatten ebenso wie Kroaten, Slowenen, Bosnier und Mazedonier den Serben hier die Slowaken und die Sudetendeutschen den Tschechen als einem Herrenvolk unterworfen. Das Verbrechen lag vor allem darin, daß US-Präsident Wilson als wichtigste Neugestaltungsdirektive das Selbstbestimmungsrecht der Völker proklamiert hatte; daß den Sudetendeutschen jedoch 1919 die Ausübung solchen Selbstbestimmungsrechtes verweigert wurde. Als jetzt auf der Münchener Konferenz im Oktober 1938 die Regierungschefs von Großbritannien und Frankreich schlechten Gewissens der Annexion des Sudetenlandes durch Hitler zustimmten, blieb das Selbstbestimmungsrecht der Sudetendeutschen abermals auf der Strecke. Die hätten sich höchstwahrscheinlich in einem wirklichen freien, international kontrollierten Volksentscheid weg von Benesch und weg von Hitler für ihre eigene staatliche Unabhängigkeit entschieden. Und über der ganzen unredlichen Aktion wird regelmäßig vergessen, daß auch die Polen einen tschechischen Gebietsteil für sich gewaltsam okkupierten.

In deutschen Militärkreisen greift Entsetzen wegen Hitlers Überraschungsaggression ohne ihr Wissen um sich; erstmals bildet sich ein Verschwörerkreis um die Generale Beck, Witzleben, Hoeppner, den Spionageabwehrexperten Oster und den ehemaligen Leipziger Oberbürgermeister Goerdeler.

Hitlers Besetzung der Resttschechei im Frühjahr 1939 steht nun eindeutig nicht mehr in Übereinstimmung mit dem Selbstbestimmungsrecht der Völker. Großbritannien und Frankreich rüsten sich zum Waffengang mit Hitlerdeutschland.

Doch gelingt es Hitler noch am 23.3.1939, das seinerzeit seitens der Litauer annektierte deutsche Memelland durch massive Drohungen an Ostpreußen zurückzugliedern.

Am Vorabend des II. Weltkrieges hatte sich der Aufstieg der SS nach ihrer endgültigen Trennung von der SA im Juli 1934 vollendet. Hitlers unmittelbarem Befehl unterstellt, erhielt ihr Stabschef Heinrich Himmler 1936 zusätzlich die Kontrolle über alle deutschen Polizeiverbände. Im Erlaßwege stellte Hitler am 17.8.1938 klar: „Die SS-Verfügungstruppe ist weder ein Teil der Wehrmacht noch der Polizei. Sie ist eine stehende bewaffnete Truppe zu meiner ausschließlichen Verfügung.“ Und aus ihr wiederum filterte er seine „Leibstandarte Adolf Hitler“. Das hatte er wohl auch bitter nötig. Im November 1939 erfolgte auf ihn das erste schwergewichtige Attentat per Bombenexplosion.

VI. Europäischer Vernichtungskrieg (1939-1945)

Der in seiner Machtposition konsolidierte Tyrann Hitler kann jetzt mit dem deutschen Volk umspringen, wie er will. Er kann es nicht nur, er will es auch in sein Verderben stürzen. Ungewiß ist nur noch der erfolgversprechendste Weg bis dahin.

In seiner unüberbietbaren Fähigkeit, Andere zu täuschen und zu belügen, spielt er seinem Volk gegenüber den treusorgenden Hausvater, der für seine Kinder nur das Beste will. Vermag er entsprechend auch auswärtige Mächte zu bluffen?

Miserabel (un)durchdacht und zugleich provokativ hatte US-Präsident Roosevelt am 14.4.1939 neben Mussolini auch Hitler aufgefordert, für 31 Staaten, von denen die meisten keine gemeinsame Grenze mit Deutschland besaßen, eine zehnjährige Nichtangriffsgarantie abzugeben. In seiner fast genial konzipierten Antwortrede vom 28.4.1939 vor dem Reichstag, in der er sich mittelbar Roosevelts Einmischungsversuch verbat, prangerte er das Versailler Diktat von 1919 vor der Weltöffentlichkeit an als „die gemeinste Vergewaltigung, die jemals Völker und Menschen zugemutet worden ist.“ Vor allem durfte er als fürsorglicher Hausvater seiner Deutschen mit Nachdruck darauf hinweisen, daß es ihm „gelungen ist, die uns allen so zu Herzen gehenden sieben Millionen Erwerbslosen restlos wieder in nützliche Produktionen einzubauen.“

So steht denn Hitler nach innen und außen als kolossaler Friedensfreund da, und Niemand ahnt, was er noch in diesem ominösen Jahr 1939 wirklich nicht nur plant, sondern auch realisiert.

Krieg? Fachleute warnen ihn im Hinblick auf die bisher unzureichenden rüstungstechnischen Anstrengungen. Weisen ihn auf das Fehlen von für jene Aufrüstung notwendigen Rohstoffen hin.

Doch Hitler vermag ebensowenig Geduld des erforderlichen Abwartens aufzubringen wie weiland Napoleon: „Niemand weiß, wie lange ich noch lebe. Deshalb besser Auseinandersetzungen jetzt.“

Polen bietet die ideale Zugriffsmöglichkeit. Die rachsüchtigen Franzosen Clemenceau, Poincaré und Konsorten hatten, wie bereits erwähnt, in Versailles 1919 durch das deutsche Westpreußen einen polnischen Korridor bis zur Ostsee geschoben, Danzig isoliert und mit Hilfe dieses enormen Gebietsverlustes ihres Erzfeindes Ostpreußen vom übrigen Reichsgebiet getrennt. Seitdem gab es genug unverfängliche außerdeutsche Stimmen von Politikern, Historikern und anderen Leuten vom Fach, die eine solche Unsinnigkeit ablehnten und darin bereits den Keim für eine künftige Auseinadersetzung entdecken.

Mit Frankreich kann Hitler über den Korridor natürlich nicht verhandeln. Mit Großbritannien, das gute wirtschaftliche Beziehungen zu Deutschland wünscht, wäre das denkbar, wenn guter Wille auf beiden Seiten vorhanden ist. Doch bei Hitler fehlt er. Letzten Endes bildet das geraubte Westpreußen nur den Vorwand. Seinen Oberbefehlshabern von Heer, Marine und Luftwaffe bedeutet er am 23.5.1939: „Danzig ist nicht das Objekt, um das es geht. Es handelt sich für uns um die Erweiterung des Lebensraumes im Osten." Doch auch das ist gelogen. Jener angebliche fehlende Lebensraum ist nur ein Propagandaköder. Hitler will in Wirklichkeit eine gemeinsame Grenze mit der Sowjetunion.

Während die britische Regierung einen endgültigen Beistandspakt mit Polen abschließt, unterzeichnen am 23.8.1939 Ribbentrop für Deutschland und Molotow für die UdSSR in Moskau einen Nichtangriffspakt. Die „bolschewistische Weltrevolution" (Stalin) und die „Faschistische Weltpest" (Hitler) können also durchaus miteinander. Doch als im September Beide in Polen einmarschieren, die deutsche Wehrmacht vom Westen, die Rote Armee von Osten, erklären Frankreich und Großbritannien nicht der Sowjetunion, sondern ausschließlich Deutschland den Krieg.

Doch auch im übrigen profitiert Stalin von jenem Ribbentrop-Molotow-Pakt weit mehr als Hitler. Während die Deutschen nur bis an die Weichsel vorankommen, annektiert Stalin außer Ostpolen auch gleich die drei baltischen Staaten Estland, Lettland und Litauen und obendrein noch große Teile Rumäniens. An dem Untergang jener bis dahin selbstständigen Staaten zeigt sich der in seiner doppelbödigen Moral skrupellose Hitler ebenso desinteressiert wie an der Annexion Südtirols durch Italien zwei Jahrzehnte zuvor. Oder auch an der späteren Aggression Stalins 1940 gegen Finnland.

Der Krieg ist da, doch in Deutschland fehlt eine von Hitler erwartete Kriegsbegeisterung wie einst 1914 diesmal schon im Ansatz. Und diese pessimistische Grundstimmung sollte sich in der Folgezeit noch erheblich verdichten. Nach der Explosion im Münchener Bürgerbräukeller am 8.11.1939 befürchtet Hitler nicht zu Unrecht weitere Attentate auf seine Person. In den höheren Rängen der Wehrmacht bildet sich ein diesmal ausgreifender Verschwörerring. Im Fall eines Angriffes auf Frankreich soll geputscht und der Diktator verhaftet werden. Vor allem, als dieser dazu noch mit zynischer Offenheit erklärt: „Verletzung der Neutralität von Belgien und Holland ist bedeutungslos. Kein Mensch fragt danach, wenn wir gesiegt haben.“

Auch wenn Hitler sicherheitshalber noch 7 Divisionen im Osten Deutschlands stationiert, weiß er jetzt dort dank Stalin den Rücken frei und wirft Frankreich nieder, vertreibt die Briten vom Festland und ringt mit ihnen um die Luftherrschaft. Doch die zwingen ihn, seine Truppen auf halb Europa zu verteilen, sich zu verzetteln. Im Jahre 1941 sind deutsche Streitkräfte von Norwegen bis über den Balkan nach Nordafrika anzutreffen.

Für Hitler gibt es nur noch Überlebende und Vernichtete. Einem seiner Besucher wie am 2.3.1940 dem US-amerikanischen Unterstaatssekretär Summer Welles erscheint er wie ein irrational total Verdrehter, wie einer, der unter den Füßen den Boden verliert: „Im allerschlimmsten Falle würden alle vernichtet werden.“ Sollten es jedenfalls. Und so viel wie nur möglich.

In einem seiner Tischgespräche hat es dann der Massenmörder im Wartestand wohl am klassischsten formuliert: „Krieg ist überall. Krieg ist Leben. Krieg ist Urzustand. Es gibt keinen Friedensschluß. Den Krieg führe ich. Den geeigneten Zeitpunkt zum Angriff bestimme ich. Und ich werde ihn herbeizwingen. Das ist meine Aufgabe. Erzwinge ich das, dann habe ich das Recht, die Jugend in den Tod zu schicken.“ Wohlgemerkt: In den Tod!

Ich, ich und nochmals ich. Der Wille der Anderen, der Nation, seines Volkes spielt überhaupt keine Rolle mehr. Vor den drei Wehrmachtsoberbefehlshabern erklärt die „Vorsehung der Geschichte“ am 23.11.1939: „Weder eine militärische noch eine zivile Persönlichkeit könnte mich ersetzen. Kriege werden immer beendigt nur durch Vernichtung des Gegners. Ich werde angreifen und nicht kapitulieren. Das Schicksal des Reiches hängt nur von mir ab. Ich werde danach handeln.“

Am 22.6.1941 erteilt Hitler den deutschen Streitkräften den Befehl, die Sowjetunion (SU, UdSSR) zu überfallen. Damit tritt im Verlaufe des II. Weltkrieges die entscheidende Wende ein.

Der neue Gegner unterscheidet sich fundamental von allen bisherigen Kriegsgegner Hitlers. Auch er ist diktatorisch durchorganisiert. Nicht weniger rücksichtslos und menschenverachtend als bei Hitler. Die Sowjetunion stellt den mit Abstand größten Flächenstaat der Erde dar. Beherbergt ein Militärpotential oder kann es dazu entwickeln, das dem deutschen zumindest ebenbürtig ist, denn den 80 Millionen Deutschen stehen 200 Millionen Sowjetmenschen, zumeist Russen gegenüber.

Schon mehr als zwei Jahrzehnte zuvor hatte Hitler die enorme Ähnlichkeit zwischen dem von ihm angepeilten Nazismus und dem jungen russischen Bolschewismus unter Lenin entdeckt. Sofort aber auch die mögliche Konkurrenzsituation! Wohl darauf bezieht sich seine Passage in „Mein Kampf“: „... da eine Weltanschauung niemals bereit ist, mit einer anderen zu teilen ...“ Und jetzt 1941: Teilen mit Stalin? Für den brachte er, wie seinen Tischgesprächen zu entnehmen ist, durchaus Bewunderung auf: „Halb Bestie, halb Gigant! Ob das Volk zugrunde geht, schert ihn wenig. Ein genialer Kerl!“ Und noch am 17.9.1944 gegenüber seinem Arzt Dr. Giesing: „Mein einziger Gegner ist Stalin, der mir einigermaßen ebenbürtig ist. Ich muß ihm hohe Anerkennung zollen für das, was er aus Rußland gemacht und für das, was er militärisch geleistet hat. Meine anderen beiden Gegner, Churchill und Roosevelt, sind weder politisch noch militärisch irgendwelche Faktoren.“

Hätte Hitler – ins Nachhinein eine müßige Frage – statt gegen die Sowjetunion seinen ungebremsten Krieg gegen Großbritannien weiterführen sollen, wie ihm seine Generale dringend rieten? Im Reichskanzleibunker äußerte sich Hitler vor seinem Suizid dazu wie folgt: „Wir hatten die Hoffnung verloren, den Krieg durch eine erfolgreiche Invasion auf englischem Boden zu beenden. Denn dieses Land, von stupiden Führern regiert, hatte sich geweigert, unsere Vorherrschaft in Europa zuzulassen und einen Frieden ohne Sieg mit uns zu schließen. Um die Engländer zur Aufgabe zu bewegen, müßte man ihnen folglich die Hoffnung nehmen, uns auf dem Kontinent einen Gegner unseres Ranges gegenüberzustellen, das heißt die Rote Armee.“ Deshalb hatte er bereits am 9.1.1941 vor seinen Generalen betont: „Was England aufrecht halte, sei die Hoffnung der USA und Rußland.“

Jetzt tritt ein Ereignis ein, mit dem die Wenigsten gerechnet hatten: die ähnlich Hitler größenwahnsinnigen Japaner überfallen im Herbst 1941 die US-amerikanische Flotte im Pazifischen Ozean. Hitler will sie in seinen Krieg gegen die Sowjetunion vereinnahmen, sie sollen wenigstens die sibirischen Divisionen in Rußlands Osten binden. Die Japaner denken nicht daran; sie wünschen statt dessen von Hitler dessen Kriegserklärung gegen die USA. Jeder rational denkende Mensch in Regierungsverantwortung hätte solch einseitiges Verlangen als absurd zurückgewiesen. Nicht so Hitler! Er verzichtet auf den notwendigen Beistandsdienst Japans, entspricht hingegen geradezu untertänig dessen Wunsch und erklärt 11.12.1941 auch noch Roosevelts USA den Krieg.

Nun hat die rachelüsterne verkrachte Existenz die drei militärisch stärksten Mächte dieser Erde gleichzeitig gegen sich: das britische Empire, das russische Weltreich und den durchindustrialisierten Erdteil Nordamerika. Vor seinem Tod räsoniert Hitler: „Meine Zwangvorstellung im Lauf jener letzten Wochen war, daß Stalin mir zuvorkommen könnte." Wieder einmal ein absurder Verdacht, jedenfalls für die Zeit um 1941. Als der deutsche Botschafter in Moskau, von der Schulenburg – später 1944 von Hitler ermordet – im Juni 1941 gezwungenermaßen UdSSR-Außenminister Molotow die Kriegserklärungsnote überreichen mußte, äußerte der total überrascht: „So eine Gemeinheit!" Hatte nicht Hitler noch zwei Jahre zuvor am 20.8.1939 an Stalin telegraphiert: „Der Abschluß eines Nichtangriffspaktes mit der Sowjetunion bedeutet für mich eine Festlegung der deutschen Politik auf lange Sicht." ?

Über Hitlers hirnrissige Verrücktheit, gleichzeitig gegen die drei Weltmächte einen Zweifrontenkrieg zu führen, zwei ökonomisch extreme Antagonisten auch noch zu Alliierten im Riesenformat zu machen, es zu ermöglichen, daß die hochkapitalistischen Amerikaner in der Folgezeit die sozialistisch-bolschewistischen Russen entscheidend mit Kriegsmaterial beliefern, ist in den letzten Jahrzehnten unendlich viel gerätselt worden. Auch diesmal liefert die klare Erfassung des Lebenszieles Hitlers die einzig plausible Erklärung: so viel Menschen vernichten wie möglich! „Eine geschichtliche Revision einmaligen Ausmaßes wurde uns vom Schöpfer aufgetragen!" und ähnliche hochtrabend-vernebelnde Sprüche des „Größten Feldherrn aller Zeiten" (GRÖFAZ) soll nur die eiskalte Kalkulation verdecken: Die Sowjetunion verfügt über sehr viel Menschenmaterial, Deutschland desgleichen. Sollen sich doch Beide wechselseitig totschlagen, auf daß sich die verkrachte Wiener Existenz daran so lange wie möglich weiden kann. Man sollte eine auf so lange Sicht geplante Rache an sich nicht für denkbar halten, und dennoch hat sie Jahrzehnte hindurch in diesem Subjekt gebrütet, das sich die „Vorsehung" des Schicksals nannte.

Gegenüber jenem unfaßbaren Millionenschlachtfest, das Hitler schadenfroh genossen haben muß, tritt die Entscheidung Sieg oder Niederlage als zweitrangig zurück. Was jetzt folgt, ist so notorisch und entsprechend auch wissenschaftlich erforscht, daß eine eher stichwortähnliche Aufzählung genügt.

Bei Einbruch des Winters 1941 stehen deutsche Streitkräfte vor Moskau. Stalin leitet einen Gegenangriff ein. Der deutsche Generalstab rät dringend, die eigene Frontlinie zurückzunehmen. Hitler denkt nicht an Rückzug und befiehlt Durchhalten ohne Rücksicht auf Verluste. Unzählige deutsche Soldaten sterben, ungenügend mit

Winterausrüstung versehen, den Kältetod. Bis Frühlingsbeginn sind etwa 1,2 Millionen Gefallene zu beklagen. Wiederum gegen die Vorstellungen seiner Generale beschert der strategische Idiot Hitler den deutschen Soldaten im Winter 1942/43 eine ähnliche Katastrophe in Stalingrad. Dort sollen sie sich bis zum letzten Mann aufopfern. Im Sommer 1943 bricht die von Rommel befehligte deutsche Nordafrikafront gegen die Briten zusammen. Generalstabschef Halder: „Spätestens gegen Ende 1943 war eindeutig klar, daß der Krieg militärisch verloren war.

Deutsche Städte werden von der angloamerikanischen Luftflotte ausgebombt. Die Bekundung von Anteilnahme an den Bombenopfern lehnt Hitler strikt ab, an Ort und Stelle schon überhaupt. Aufmärsche, Paraden, etc. entfallen notgedrungen. Der Diktator läßt sich vor seinen Untertanen nicht mehr sehen. Und wenn er – selten genug – über den Rundfunk spricht, ruft er den Allmächtigen an, an den er selber nicht glaubt. Ein halbdutzend Attentate wird auf ihn vorbereitet; deren Ausführung scheitert.

Am 6.6.1944 eröffnen Briten und US-Amerikaner in ihrer ungeheureren Materialüberlegenheit mit der Landung in der Normandie den letzten Akt der deutschen Weltkriegstragödie, die in Hitlers Lebensgefühl nur noch eine Komödie sein kann. Jetzt müssen auch im Osten die deutschen Streitkräfte vor der andringenden Roten Armee immer weiter zurückweichen. Hitler befiehlt seinen Truppen, den Rotarmisten nur noch „ein total verbranntes und zerstörtes Land“ zu hinterlassen. Als die Russen deutsches Gebiet erreichen, soll das eigene Territorium ebenso total verbrannt und zerstört werden. Nur noch „Verbrannte Erde“ sollen aber auch Briten und Amerikaner vorfinden. Zunächst sollen in die Luft gejagt werden alle Versorgungsleitungen, Kanalisationssysteme, möglichst alle Öffentlichen Gebäude, Reservedepots, Eisenbahnknotenpunkte, Brücken und Häfen; danach auch Bauten und Stätten des Denkmalschutzes; schließlich sollen seine deutschen Untertanen vor der Ankunft des Feindes ihre eigenen Häuser und Hütten einäschern und am besten gleich sich selbst in die Luft sprengen. Ein infernalisches Szenario!

Das Attentat Stauffenbergs am 20.8.1944 in der „Wolfsschanze“ mißlingt. Lediglich verwundet kommt der Diktator noch einmal mit dem Leben davon. Und abermals läuft seine Spezialmordmaschine an: fast 5000 Verschwörer im engeren und weiteren Sinne läßt er hinrichten, an ihrer Spitze Stauffenberg, Olbricht, Beck, Goerdeler, Witzleben, Moltke, Treskow, Stief, Dohnany. Infolge der Lufthoheit der Alliierten über dem deutschen Reichsgebiet verpufft der Einsatz der in Peenemünde fabrizierten V1 und V2 Raketen. Von allen Seiten eingekreist zieht sich im Winter 1944/45 Hitler in den Bunker unter seiner Reichskanzlei als letzten Aufenthalt zurück. Eine Flucht auf seinen Obersalzberg lehnt er ab.

Das Jahr des Heils 1945 bricht an. Göring, der sich in Süddeutschland aufhält, will Kapitulationsverhandlungen mit den Westalliierten einleiten, sich persönlich mit US-General Eisenhower treffen, um dem sinnlosen Blutvergießen ein Ende zu setzen. Hitler befiehlt – wenn auch illusionslos – die Verhaftung des bisher zweiten Mannes im Staat. Danach erfährt er in seinem Bunker, der dritte Mann im Staat, der polizeigewaltige Reichsführer der SS Himmler habe in Westdeutschland über den schwedischen Grafen Bernadotte ebenfalls zu den Westalliierten Kontakt zwecks Einleitung einer Kapitulation aufgenommen. Den Himmler kann sein Befehlsarm nicht mehr erreichen. Wohl aber dessen Verbindungsmann, den SS-Gruppenführer Hermann Fegelein, den Schwager seiner Geliebten Eva Braun. Der begeht die Torheit, in verbotenem Zivil seine Privatwohnung in der Nähe aufzusuchen, um seiner Frau telefonisch mitzuteilen, er wolle sich nach Oberbayern durchzuschlagen versuchen. Dieses Gespräch hört – kaum zu glauben – die Gestapo ab, obwohl Rotarmisten schon die nächsten Straßenzüge besetzt haben. Als Fegelein in den Bunker zurückkehrt, läßt Hitler seinen Schwager im Garten der Reichskanzlei erschießen.

Zu seinem letzten Geburtstag am 20.4.1945 tätschelt er im gleichen Garten noch einigen zwölfjährigen Jungvolkpimpfen die Wange, die er mit Gewehren gegen die kampferprobten Rotarmisten hinter der übernächsten Berliner Straßenecke ins Gefecht schickt. Er, der noch vor kurzem visionär „ganz deutlich den Zeitpunkt“ vor sich sieht, „wo er das Zünglein an der Waage sein wird bei der Entscheidung zwischen Russen einerseits und Angloamerikanern andererseits“, will jetzt plötzlich nichts mehr mit Politik zu tun haben: „Das widert mich so an.“ Definitiv gibt er den II. Weltkrieg für verloren. Doch nicht etwa durch eigene Schuld. Das haben vielmehr seine unfähigen Generäle zu verantworten. Anläßlich seiner letzten Bunkerbesprechung am 22.4.1945 verflucht er die Korruption und Feigheit der Soldaten, die Verräter und Versager des Offizierskorps.

Schließlich stellt er in einem hysterischen Anfall – Albert Speer (18.3.1945) hat es später übermittelt – das deutsche Volk den slawischen Völkern gleich. Die Grundlagen dieser minderwertigen Deutschen sollen zerstört werden. Ein Weiterleben verdiene es nicht.

Russen und Amerikaner treffen sich bei Torgau an der Elbe. Gegenüber Keitel, Jodl, Speer und der wagehalsig nach Berlin eingeflogenen, abenteuerlichen Pilotin Hanna Reitsch trifft Hitler seine letzten Anordnungen. Gegen seinen Willen hat sich auch seine langjährige Geliebte Eva Braun von Bayern nach Berlin bringen lassen, um ihn nun endlich zu heiraten. Um deren diesbezügliches Herumgejaule abzukürzen, sagt er ihr die Trauung zu. Danach Doppelsuizid und Leicheneinäscherung, damit Stalin keine Gelegenheit finde, ihn als lebendes „Exponat im Moskauer Zoo" hinter Käfigstangen zur Sensationsschau vorzuführen. „Sie sollen auch nicht unsere Leichen finden." Rührselig schließt Hitler: „Der Tod wird uns das ersetzen, was meine Arbeit im Dienst meines Volkes uns Beiden raubte." Und Eva Braun – so Hanna Reitsch – „tobte über alle die undankbaren Schweine, die ihren Führer verlassen hätten und vernichtet werden müßten." So wird sie ihm endlich ebenbürtig. Für Zurechnungsfähige nicht mehr zu begreifen ihr letztes Lamento: „Armer, armer Adolf, alle haben dich verlassen, alle haben dich verraten. Besser, es sterben zehntausend Andere, als daß er Deutschland verloren geht." Nach doppelter Testamentserrichtung nimmt im Bunker der Gauamtsleiter Walter Weger die Eheschließung vor. Eheleute Adolf und Eva ziehen sich in sein Zimmer zurück.

Am 30.4.1945 präzis 15:30 knallt es. Hitler hat sich genüßlich in den Mund geschossen, die ob des Trauscheins glückselige Eva ihre Zyankalikapsel zerbissen. Die Leichen werden in den Kanzleigarten getragen, mit Benzin übergossen und unter sowjetischen Dauerbeschuß eingeäschert. Nach zwei Stunden schüttet der SS-Wachobmann Rattenhuber Asche und verkohlte Restleichenteile in einen Granattrichter und stampf sie darinnen fest.

Goebbels, seine Frau folgen mit ihren Kindern tags darauf ihrem heißgeliebten Führer Adolf Hitler in den Tod.

Letzte Lüge: in seinem Schlußbericht gibt am 2.Mai 1945 das Oberkommando der Wehrmacht über den Äther bekannt: „An der Spitze der heldenmütigen Verteidiger der Reichshauptstadt ist der Führer gefallen."

VII. Zusammenfassung

Kurz nach Ausbruch des II. Weltkrieges erklärt Hitler am 23.11.1939: „Ich werde in diesem Kampfe stehen oder fallen. Ich werde die Niederlage meines Volkes nicht überleben. – Jede Hoffnung auf Kompromisse ist kindisch: Sieg oder Niederlage! – Mein Leben spielt keine Rolle dabei. Ich habe zu wählen zwischen Sieg und Vernichtung. Ich wähle den Sieg. – Ich bin entschlossen, mein Leben so nun führen, daß ich anständig bestehen kann, wenn ich sterben muß. Ich will den Feind vernichten. – In den letzten Jahren habe ich viele Beispiele der Vorsehung erlebt."

Diese Redepassage enthält gleich zwei faustdicke Lügen: das Wort „Anständig" im Munde von Hitler ist bereits per se der schlimmste Hohn; und „überleben" hat er durchaus wollen, zumindest so lange, um die von ihm über seine Mitmenschen gebrachten Katastrophen, Zerstörungen, Auslöschungen, Verelendungen und Herzeleid so genußreich wie schadenfroh noch mitzubekommen.

Die Erstellung des Psychogramms dieses singulären Gewaltherrschers stößt auf immense Schwierigkeiten. Eines hat er mit Kaiser Wilhelm II. gemeinsam: auch er kann ausgezeichnet schauspielern. Doch während der letzte Hohenzoller auf dem Thron sich zum Poseur aus Eitelkeit geriert hat, schlüpft Hitler gefahrdrohend ausschließlich in seine Rolle, um die Mit- und Umwelt zutäuschen, die im Inland wie im Ausland gleichermaßen. Gestützt auf ein vorzügliches Gedächtnis vermag er seine Gesprächsgegenüber von seinen staatsmännischen Fähigkeiten zu überzeugen, wie beispielsweise den bedeutenden britischen Historiker Toynbee, der ihm nach einer 1936 stattgefundenen Unterredung „messerscharfe Logik und Klarheit" attestiert. Mit ausgesuchter Liebenswürdigkeit parliert Hitler mit Verhandlungspartnern, um ihnen hernach – bildlich gesprochen – den Dolch in den Rücken zu stoßen. Er blufft, wo er kann. Er versteht sich auf rationale Abwägungen, Überlegungen, Erkenntnisse, Umsetzungen in praktisches Handeln, und doch werden dieselben letzten Endes ein Opfer irrationaler Fanatismen.

Spießbürgerliche Rührseligkeit schlägt in Sekundenschnelle um in brutale Haßorgien. Als totaler Egozentriker ist er menschlich kontaktunfähig. Das hervorstechendste Merkmal seines Privatlebens, falls ein solches überhaupt besteht, ist unüberwindbare Distanz zu anderen Personen. Aus derselben nährt sich chronisches Mißtrauen. Unberechenbarkeit traut er jedem Anderen zu, da sie ja konstitutiver eigener Wesensbestandteil ist. Was nicht ausschließt, daß er die ihm dargebrachten lobhudelnden Elogen und byzantinischen Schmeicheleien nebst Kriechereien genießt und zugleich verächtlich durchschaut.

Von der seinerzeit in Wien unaufhaltsam in ihm erwachten und besitzergreifenden Menschenverachtung wird er zeitlebens heimgesucht. Sie ist immerdar furchtbarer Nährboden seiner Haß-, Niederknüppelungs- und Zerstörungsimpulse. In einer Rede vom 2.4.1938 in Chemnitz erklärt er unumwunden: „Der Kampf hat den Menschen großgemacht. – Welches Ziel der Mensch auch erreicht hat, er verdankt es seiner Schöpferkraft und Brutalität." Brutalität! Nur keine Humanitätsduselei! Schicksalsschläge anderer Menschen erwecken in ihm keine Anteilnahme. Statt Mitleid mit ihnen Unbarmherzigkeit auf der ganzen Linie. Nur mit barbarischer Härte setzt sich ein Erdenbewohner durch. So nimmt es auch nicht wunder, daß Hitler lange Zeitphasen hindurch mit einer rhinozerosledernen Peitsche in der Hand herumläuft.

Vor allem keine Halbheiten! Eine Sache durchziehen bis zum Schluß, notfalls bis zum Exzeß! Und diese dann noch möglichst mit Überraschungen gepfeffert. Damit die Gegenseite gar nicht erst zum Nachdenken kommt und sich nur noch verwundert die Augen reibt. Dies das einzige für ihn erfolgsversprechende Rezept!

Glückt eine riskante Unternehmung, ist Hitler der Triumphator; glückt sie nicht, sind selbstverständlich Andere – Minister, Generäle – daran schuld. Vermag er diese ausnahmsweise nicht zu beschuldigen, verfällt er in einen hysterischen Tobsuchtsanfall, wirft sich zu Boden und beißt in den Teppich.

Aus der Grundtatsache einer seit Wien verkrachten Existenz erklärt sich Hitlers Widerwille gegen die Tätigkeit von intellektuellen Fachleuten, Gutachtern, Experten, Sachverständigen. Er, seit eh und je unfähig, in einen seriösen bürgerlichen Beruf hineinzuwachsen, verachtet jedwedes Grundlagenwissen, alle systematische Stofferfassung. Kaum, daß er es wenigstens bis zum Halbgebildeten gebracht hat. Als Parvenu flüchtet er sich in schaumschlägerisches Dilettantentum. Paradoxerweise befähigen Hitler gerade solche intellektuellen Ausfallserscheinungen, als Massenpsychologe unvergleichliche Erfolge zu erzielen. Nie verläßt ihn sein Instinkt für das, was die breiten Massen bewegt. Und so bewilligt er ihnen jene Schaudarstellungen, nach denen sie verlangen. Und das bei weitem nicht nur auf den Nürnberger NS-Parteitagen mit ihren Transparenten, Fahnen, Uniformen und Marschkolonnen. Aus dem FF lenkt er eine vernebelnde wie gleichzeitig effektvolle Propaganda, auch in den modernen Medien.

So steigt denn Hitler zum „Führer“ seines Volkes auf, nicht nur durch Wirkung und Drohung seines institutionellen Terrorapparates, sondern für Viele auch als allgegenwärtiges visuelles Anbetungsidol. Zu dem dann die zahllosen Akklamationen „Heil Hitler!“, „Sieg Heil!“ und „Heil, mein Führer!“ allerbestens passen. Selbst ein sonst versachlichter Typ wie der Großadmiral Dönitz attestiert ihm eine „gewaltige Persönlichkeit mit suggestiver Kraft“. Die dann von sich behaupten kann: „Wenn mir etwas passiert, ist Deutschland führerlos.“ Immer manischer wächst Hitler in die Zwangsvorstellung hinein, von der sogenannten „Vorsehung“ zu Allerhöchstem ausersehen zu sein. Seinem Sinn für Gigantomanie kommen Wagners Musikdramen entgegen. Wie dessen Lohengrin fühlt sich der Verkrachte als eine Art Gottgesandter. Dem dann bloß noch der Lohengrinhelm eines Wilhelm II. auf dem Schädel fehlt. Der gescheiterte Wiener Architekturschüler will jetzt zum erhabensten Bauherrn aufsteigen: als NS-Weihestätte für die Reichshauptstadt Berlin entwirft er eine Riesenrotunde für 150000 NS-Versammelte inmitten derselben unter einer Kuppel von 250 m Durchmesser und 300 m Höhe. Und dann folgen – Albert Speer vermag kaum noch mitzuhalten – tektonische Superlative aufeinander, meist in einem ungenießbaren Mix von Dessauer Bauhaus und Athener Akropolis. Natürlich ist das betriebsintensivste Krematorium der Welt, das in Auschwitz, ebenfalls eines von Hitlers weiteren Superlativen. Zuletzt schnappt der „Führer“ völlig über: Gott brauche er nicht; denn der verkörpere sich bereits in ihm. Größenwahn in Reinkultur!

Nur zu verständlich, daß eine Kreatur, die weder sich noch anderen Frieden bringen kann, selbst zu den natürlichsten Bindungen außerstande ist. Dies gilt namentlich im Verhältnis zu Frauen. Zuneigung? Ehe? Familie? Fehlanzeige! Bei einem Hitler von vornherein undenkbar! Die Frauen, die seinen Weg kreuzen, benutzt er nur. Die darob tief enttäuschte Geli Raubal, Tochter seiner Halbschwester, erschießt sich deshalb schon 1931 in jungen Jahren. Eva Braun wird als temporäre Geliebte deren Nachfolgerin, muß aber zumeist allein auf dem Obersalzberg – erst in Haus Wachenfeld, später auf dem Berghof – ausharren. Auch ihr wird ein Suizidversuch um das Jahr 1935 nachgesagt. Ein Dutzend Jahre hält sie solches Abgeschobensein durch; dann fliegt die Kleinbürgerliche kurz vor dem Ende 1945 in das brennende, fast schon ganz in Feindeshand befindliche Berlin ein, nur um für wenige Stunden Hitlers Unterschrift unter die Heiratsurkunde zu genießen. Bis dahin ist sie Unperson, denn Vorsehungsmensch Adolf flunkert seinem Volke vor, ausschließlich für dieses alle seine Kräfte einzusetzen: „Meine Braut ist Deutschland.“ Und das beeindruckt dann auch vor allem seine weiblichen Anhänger: „Ein Führer darf keine Familie haben“. Eigene Kinder? Ausgeschlossen! Auf sich und seine „historische Mission“ deutend: „Die Nachkommen eines Genies werden alle Schwachköpfe.“

Bei einer derartigen Kontaktunfähigkeit sind selbstverständlich auch echte, dauerhafte Männerfreundschaften ausgeschlossen.

Um so ausgeprägter die Feindschaften! Und die gleich gegenüber größeren Gruppen. Die dann auch gleich auf der Todesliste stehen, sobald Hitler seine entsprechende kriminelle Energie umsetzt: gegenüber Zigeunern, Homosexuellen, Asozialen. Weiteres Stichwort: Lebensunwertes Leben. Noch im Jahre 1939 rollt die Tötungswelle gegen Geisteskranke und von Erbkrankheit Gezeichnete so richtig an. Daß sie 1941 partiell gestoppt wird, ist auf öffentliche Proteste von Kirchenvertretern zurückzuführen; die Bevölkerung soll nicht unnötig gegen das momentan angespannte NS-Regime aufgebracht werden. Nach gewonnenem Krieg wird das Euthanasieprogramm ohnehin lückenlos zu Ende geführt.

Auch gegenüber den christlichen Kirchen nimmt er gelegentlich eine drohende Haltung ein. Für ihn ist das Christentum eine Religion für Sklavenseelen. Gegenüber Hermann Rauschning äußert er einmal: „Das Christentum ist ein jüdischer Schwindel. Man ist entweder Deutscher oder Christ.“ Ein andermal: „Der schwerste Schlag, den die Menschheit je erlebte, war die Einführung des Christentums. Der Bolschewismus ist das uneheliche Kind des Christentums. Beides sind Erfindungen der Juden.“ Am Katholizismus, dem er Kindheitserlebnisse verdankt, imponiert ihm die Geschlossenheit der monarchischen Befehlsstruktur. Für protestantische Funktionsträger hat er ungeachtet der Bekennenden Kirche nur Verachtung übrig: „Es sind kleine dürftige Subjekte, unterwürfig bis zum Handkuß.“ Doch beide gleichermaßen, katholische Priester wie evangelische Pastoren, nimmt er im Februar 1942 ins Visier: „Die Zeit wird kommen, in der ich mit ihnen abrechnen werde.“ Kein Zweifel: ein aus dem II. Weltkrieg als Triumphator heimkehrender Hitler wird die Wirkungsmacht der Kirche restlos zerstören und deren Funktionäre erbarmungslos ausrotten.

Unausrottbar hingegen hat sich in Hitlers Gehirn die Vergesellschaftung von Judentum und Bolschewismus festgesetzt. Bereits im Dezember 1922 hat er die These in die Welt gesetzt, allein der „jüdische Abschaum der Menschheit“ habe Lenins Oktoberrevolution von 1917 in Rußland ermöglicht. Und noch 1943 beharrt er darauf: Juden und Bolschewisten seien natürliche Verbündetet. Stalin, der seine Ablehnung der Juden sogar Ribbentrop 1939 gegenüber bekundet, hätte sich wahrscheinlich über eine solche ihm angedichtete Kameraderie feixend empört. Doch Hitler geht es bei seiner Judenhetze um die Fixierung eines Erzfeindes für das deutsche Volk, das durch solche unentwegte Feindpropaganda von drückenden NS-Belastungen abgelenkt werden soll. Solche Fixierung gerät bei ihm dann selbst zur fixen Idee. Die Nomenklatur um US-Präsident Roosevelt sei verjudet. Später: „Ich hatte den übermächtigen Einfluß der Juden auf die Engländer unter Churchill unterschätzt." Ohnehin von pathologischer Vernichtungswut erfüllt, läßt er zwischen 1941 und 1944 etwa so viele Juden ermorden wie Deutsche an der Front fallen: über 4 Millionen. Und sogar noch einen Tag vor seiner Selbsttötung im Kanzleibunker ruft Hitler in seinem Politischen Testament auf zum „Unbarmherzigen Widerstand gegen den Weltvergifter aller Völker, das internationale Judentum." Der II. Weltkrieg sei „gewollt und angestiftet ausschließlich von jenen internationalen Staatsmännern, die entweder jüdischer Herkunft waren oder für jüdische Interessen arbeiteten."

Postmoral ist Hitler angelastet worden, im Gefolge seiner ostwärts gerichteten Lebensraumideologie vor allem Polen geschadet zu haben. In Wirklichkeit hat er das polnische Volk nicht mehr gehaßt als das deutsche auch. Sicherlich sind im Jahre 1939 polnische Intellektuelle von Deutschen und Volksdeutsche von Polen ermordet worden. Vertreibungen haben im wesentlichen nur im „Korridor" stattgefunden; die millionenfachen Liquidierungen polnischer Staatsbürger haben fast nur die Juden getroffen. Nicht vier Millionen Polen, sondern vier Millionen Deutsche hat Hitler an der Front verheizt. Nicht zehn Millionen Polen sind von Deutschen, wohl aber zehn Millionen Deutsche sind seitens der Polen von Haus und Hof vertrieben worden. Von der Rückgliederung des Korridors ins Reich abgesehen, ist der gesamte „Lebensraum im Osten" einzig und allein eine abstruse Idee Hitlers gewesen, der möglichst viele deutsche Urbane zu siedelnden Bauern machen wollte. Dieser verrückte Plan wäre auch im Falle eines deutschen Endsieges total am Widerstand der deutschen Bevölkerung gescheitert, die niemals ihre bisherige altvertraute Heimat und Umgebung aufgegeben hätte.

Um es zu wiederholen: Hitler hat auch, ja, vor allem das deutsche Volk gehaßt. Halbverblödete deutsche Idealisten hingegen haben angenommen, er liebe es. Beizeiten hätten sie merken müssen, daß er die Deutschen nur benutzte, um seine unumschränkte Machtposition auszubauen. Daß er jederzeit bereit, sie an der Front oder sonstwo sinnlos zu opfern. Die totale Mißachtung des einzelnen Staatsbürgers hat ihm dann die – wieder einmal – im höchsten Grade verlogene Argumentation eingegeben: „Wenn die liberale Weltanschauung in ihrer Vergötterung des einzelnen Individuums zur Zerstörung des Volkes führen muß, so wünscht dagegen der Nationalsozialismus, das Volk zu schützen, wenn nötig, auf Kosten des Individuums." Dazu der kurzgefaßte, ideologietypische Slogan „Du bist nichts, dein Volk ist alles." Das dann konsequenterweise zum nächsten Slogan führen muß: „Dein Volk ist nichts, dein Führer ist alles."

Jawohl, dein heißgeliebter Führer Adolf Hitler fordert dein Leben, das du ihm freudig opfern sollst! Als innerhalb ihrer Einheit Fahnenjunker in einer der Ostfrontschlachten bis auf den letzten Mann fallen, und der zuständige General tief betroffen dies Hitler meldet, brüllt der ihn an: „Na, dazu sind die doch da!"

Etwa zwei Drittel der Deutschen sind am Nazismus wie allerdings auch an jeder anderen politischen Ausrichtung desinteressiert gewesen. Daß Hitler zujubelnde Menschenmassen ins öffentliche Bild lanciert wurden, beruht einmal auf der Erfassung von kritiklosen Kindern und Jugendlichen in HJ, DJ, BDM zum anderen auf geschickten Photomontagen. So entstand im Ausland ein völlig verfehlter Eindruck von der deutschen Bevölkerung. Während der Kriegsjahre wurde es dann auch im Propagandabereich stiller. Dann galt bald nur noch die Alternativdevise: Schweigen oder Gehenkt werden. Wirkliche Hitleranhänger sind nur die Nutzießer des Regimes, geistig eingeengte Idealisten und in ihrer Mehrzahl die 7 Millionen Arbeitslosen gewesen, die bis 1937 in Lohn und Brot gebracht wurden.

Jene einzige, wirklich positive Tat Hitlers relativiert sich jedoch, wenn die Exarbeitslosen von 1933 später 1939 ff. im Krieg als Soldaten „auf dem Felde der Ehre" fallen müssen und dürfen, und der Diktator am 7.1.1942 in einem seiner Tischgespräche auch noch den Kommentar dazu liefert: „Wenn das deutsche Volk nicht bereit ist, für seine Selbsterhaltung sich einzusetzen, dann soll es verschwinden." Und zwölf Tage vor seinem Suizid dazu ergänzend im fast sakralen Jargon: „Wenn das deutsche Volk den Krieg verliert, hat es sich meiner als nicht würdig erwiesen."

Die Frage, die sich nach all diesen Erkenntnissen immer wieder aufdrängt: Warum hat man diesen Kerl, den Auswurf der Hölle, nicht rechtzeitig wie einen tollwütigen Hund abgeknallt? In einer Münchener Rede vom 7.9.1932 erklärte er: „Mir kann nichts zustoßen, weil ich weiß, daß ich von der Vorsehung zur Erfüllung meiner Aufgabe bestimmt bin." In Wirklichkeit lebte Hitler vor wie vor allem auch nach der Machtergreifung von 1933 in ständiger Furcht vor Attentaten auf ihn. Und sie sind auch versuchsweise erfolgt, doch stets mißlungen; am spektakulärsten am 8.11.1939 im Münchener Bürgerbräukeller und am 20.7.1944 in der ostpreußischen Wolfsschanze. In einigen wenigen mutigen Kreisen der im Ganzen schlappen Wehrmachtsführung wurde schon 1938 und 1939, auch 1941 und danach eine Unschädlichmachung Hitlers geplant mit dem völlig unangemessen unsinnigen Gedanken eines rechtsstaatlichen Strafverfahrens gegen ihn. Ein gezielter Schuß in seinen Kopf war seit langem das Gebot der Stunde. Und wenn nach Kriegsausbruch nur noch wenige Menschen an ihn herankamen, so hatten eben diese Wenigen um so mehr die Pflicht, ihn zu liquidieren. Und das notfalls unter Preisgabe des eignen Lebens, in Erinnerung an die höchstgefeierten Tyrannenmörder im alten Hellas. Im sogenannten Führerhauptquartier waren von 1941 bis 1944/45 die Generalstabschefs Keitel und Jodl ständig um ihn. Spätestens seit 1942 wußte Jodl, daß der II. Weltkrieg für Deutschland verloren war. Keitel hätte bei rechtzeitigem Eingreifen den Soldatentod seiner beiden Söhne an der Front verhindern können. Nichts geschah! Statt dessen stützt Keitel nach dem Stauffenberg-Attentat vom 20.7.1944 den aus dem verwüsteten Raum wankenden Hitler auch noch fürsorglich, statt ihn spätestens jetzt zu erschießen oder im Falle eines Waffenverbotes in der Wolfsschanze mit seinen Händen zu erwürgen. Keitel und Jodl sind im Gefolge des internationalen Kriegsverbrecherprozesses 1946 in Nürnberg zu Recht gehenkt worden. Allerdings mit der falschen Begründung. Nicht wegen Vorbereitung eines Angriffskrieges, auf dessen Auslösung sie als Marionetten Hitlers überhaupt keinen Einfluß besaßen, sondern wegen Feigheit vorm Feind. Und der Feind hieß Adolf Hitler.

Stauffenberg und seine Mitverschwörer haben am 20.7.1944 wenigstens partiell die Ehre Deutschlands gerettet. Und dies inmitten eines Milieus, in welchem die Vertreter ehrwürdigen deutschen Adels vor dem aus Braunau am Inn hergelaufenen Nichtsnutz gehorsam die Hacken zusammenknallten und „Zu Befehl, mein Führer!“ riefen. Ein Gelingen dieses Attentates hätte wenigstens noch einer Million deutscher Soldaten das Leben gerettet und weitere deutsche Städte vor der britischen Nachtbombardierung bewahrt. Unsinnig die damalige Annahme, der britische Geheimdienst hätte das Stauffenberg Attentat initiiert; postwendend kam von dort die zynische Glosse, man werde sich hüten, seinen besten Feldherrn aus dem Verkehr zu ziehen; denn solange – mit anderen Worten – Hitler das Kommando führe, könne man deutsche Städte aus der Luft vernichten.

Als gegen Ende des I. Weltkrieges die letzte deutsche Westfrontoffensive mißlang, verlangte Ludendorff verantwortungsbewußt von Kaiser Wilhelm II. kategorisch, unverzüglich Waffenstillstandsverhandlungen mit den Feinden einzuleiten; kein Blut deutscher Soldaten dürfe mehr unnütz vergossen werden. Dem genau entgegengesetzt Hitler gegen Ende des II. Weltkrieges: Durchhalten bis zuletzt! In Wirklichkeit: das eigene Leben verlängern, um noch so viel Zerstörung ringsum wie möglich genießen zu können.

Die Durchhalteparolen wurden den immer apathischer werdenden Deutschen eingehämmert. Beispielsweise ablesbar/abhörbar in den Liedern, die Hitlerjugend und Jungvolk in ihren Marschkolonnen hinter flatternden Siegrunefahnen durch die Straßen gröhlten. Lautete der Text 1933 ff. in Baldur von Schirachs Lied noch einigermaßen bekömmlich:

„Vorwärts, vorwärts schmettern die hellen Fanfaren.

Vorwärts, Vorwärts, Jugend kennt keine Gefahren.

Ist das Ziel auch noch so hoch,

Jugend zwingt es doch."

Obwohl auch da schon die Schlußzeile „Denn die Fahne ist mehr als der Tod" nichts sonderlich Gutes verhieß, so sangen 1939 ff. – wie der Herr, so´s Gescherr – Hitlerjungen und Jungvolkpimpfe nunmehr:

„Es zittern die morschen Knochen

Der Welt vor dem großen Krieg.

Wir haben den Frieden gebrochen,

Für uns war´s ein großer Sieg.

Wir werden weiter marschieren,

Bis alles in Scherben fällt.

Denn heute gehört uns Deutschland

Und morgen die ganze Welt."

Und das auf eine zackige, rhythmisch eingängige Marschmelodie. So wie bei Hitler die Macht um der Macht willen, so zum Schluß die Zerstörung um der Zerstörung willen. Bis alles in Scherben fällt.

Nein, dieser Mensch steht in keiner wie auch immer begriffenen Kontinuität der Geschichte des deutschen Volkes. Derartige Verbrechen gegen die Menschlichkeit leisteten sich 1945 wohl eher die Siegermächte, als sie Kleinodien europäischer barocker Kunst und Kultur wie Dresden einäscherten oder mehr als zwölf Millionen an Ostdeutschen und Sudetenlandbewohnern gewaltsam von Haus und Hof vertrieben und ihnen die Heimat nahmen. Denn das waren fast durchweg „Unschuldige", wie es ein klarsichtiger Zeitgenosse wie Papst Pius XII. in seinem Schreiben vom 1.12.1947 an seine deutschen Bischöfe formulierte: „War es jedoch erlaubt, im Gegenschlag zwölf Millionen Menschen von Haus und Hof zu vertreiben und der Verelendung preiszugeben?" Mußten unbedingt, um anderthalb Millionen Ostpolen aus der Ukraine nach Westen umzusiedeln, fast zehn Millionen deutsche Ostpreußen, Westpreußen, Danziger, Pommern, Schlesier und Ostbrandenburger von Haus und Hof gejagt werden? Von denen dann auch noch infolge Flucht und Vertreibung zwei Millionen Menschen zu Tode kamen?

Doch zurück zur deutschen geschichtlichen Kontinuität! Nach dem Zusammenbruch von 1945 zimmerten voreilige Besserwisser – bedauerlicherweise war auch ein sozialistischer Theologe wie Karl Barth unter ihnen – folgenden deutschen Traditionsverlauf zusammen: Luther – Friedrich der Große – Bismarck – Hitler. Zutreffend daran ist nur, daß alle Vier Exponenten ihrer jeweiligen Zeit gewesen sind. Einen ursächlichen Zusammenhang jedoch zwischen ihnen zu konstruieren, grenzt schon an geschichtswissenschaftliche Scharlatanerie. Bestehen zwischen dem nur seinem trinitarischen Gott verantwortlichen Wittenberger Reformator und dem freigeistigen Spötter von Sanssouci keine Berührungspunkte, so ebensowenig welche zwischen dem letzteren als verantwortungslosem Kriegshasardeur und dem gelernten und erfahrenen Diplomaten Bismarck, der mit äußerster Vorsicht und virtuos entwickeltem Fingerspitzengefühl das – teilweise gegen seinen Willen entstandene – Deutsche Reich durch die Fährnisse zwischen seinen europäischen Nachbarn steuerte. Und diesen wohl bedeutendsten Staatmann des 19. Jahrhunderts in kausalen Konnex mit dem arbeitsscheuen brüllenden Tölpel aus Braunau am Inn zu bringen, das setzt dann schon eine halsbrecherische Ignoranz der Fakten voraus, die ihresgleichen sucht.

Will man partout eine solche Kette fügen, dann sollte man als deren Glieder sinnvoller einsetzen: Machiavelli – Ludwig XIV. von Frankreich – Napoleon – Hitler. Oder noch besser: Attila – Dschinghis Khan – Iwan der Schrecklichen – und eben Hitler als krönenden Vierten.

Nicht einmal mit dem außenpolitisch idiotischen Kaiser Wilhelm II. läßt sich Hitler vergleichen. Heute ist schon in Real-Geschichtsbüchern auf einer halben Seite in Stichworten jene Tragödie dargestellt, in die jener säbelrasselnde und dennoch im Grunde ganz harmlose letzte Hohenzoller auf dem Thron sein Volk geführt hat: 1890 Nichtverlängerung des Rückversicherungsvertrages mit Rußland, 1892 Bündnis Rußland-Frankreich mit der Drohung des Zweifrontenkrieges, danach – als Wilhelm II. unter Assistenz des Admirals Tirpitz den Bau einer deutschen Kriegsflotte vehement vorantreibt – 1904 Bündnis Großbritanniens mit Frankreich (Entente Cordiale), 1908 mit Rußland, 1912 vorsichtshalber sogar mit den Vereinigten Staaten von Amerika. Sicherlich eine bedauerliche und auch deprimierende politische Entwicklung über mehr als zwei Jahrzehnte, doch überhaupt nicht zu vergleichen mit einem Hasardeur Hitler, der 1941 in nonchalanter Zerstörungs- und Selbstzerstörungswut den von vornherein aussichtslosen Kampf mit drei Weltmächten absichtlich aufnimmt: „Viel Feind, viel Ehr!"

Hitlers Abschied vom irdischen Leben darf man sich keinesfalls in Verzweiflung oder auch nur in rührseliger Larmoyanz vorstellen. Mit den Jahren waren ihm Applauskundgebungen, Beifallsstürme kritikloser Anhänger, Marschmusik zu den an ihm vorbeidefilierenden SA-Kolonnen und SS-Standarten, Beweihräucherung in Großveranstaltungen und auf dem Parteitagsgelände langweilig, geradezu widerwärtig geworden. Von den inbrünstig „Heil Hitler!" schreienden Massen hatte er schließlich die Nase voll. Alles nutzt sich einmal ab. Und zerstört hatte er ja mittlerweile genug. Wozu dann noch aus dem Kanzleibunker flüchten? Etwa auf den Obersalzberg? Dem Mörder Hitler war nicht wie Shakespeares Mörder Richard III. danach zu Mute, „Ein Pferd, ein Pferd, ein Königreich für ein Pferd!" auszurufen. Eher wäre er noch am letzten Tag imstande gewesen, auf die Trümmer seiner Reichskanzlei zu klettern und – wie weiland Nero mit der Leier in der Hand das von ihm angezündete Rom – jetzt die Ruinen Berlins ekstatisch zu besingen. Wenn es eben nicht die Ruinen von Moskau, Paris, London oder New York sein durften.

Alle Welt fragte sich 1945: wie ist die Karriere dieses Menschen bloß möglich gewesen? Man rätselte über seinen Charakter, stellte tiefenpsychologische Forschungen an seinen Wesenszügen an, versuchte analytisch, seine unerreichbar erscheinenden Abgründigkeiten zu erfassen. Und das bei einem Straffälligen, dem sich keinesfalls Unzurechnungsfähigkeit im Sinne des damaligen § 51 des deutschen Strafgesetzbuches zubilligen läßt.

Einen verdeckten Aufklärungshinweis gibt Hitler selbst in „Mein Kampf", wo er im Rückblick auf seine Wiener Jahre 1907-1913 ausführt: „In dieser Zeit bildete ich mir ein Weltbild und eine Weltanschauung, die zum granitenen Fundament meines derzeitigen Handelns wurden. Ich habe zu dem, was ich einst schuf, nur Weniges hinzuzulernen gemußt, zu ändern brauchte ich nichts." Auch nicht später nach der Machtergreifung, was seine Menschenverachtung anlangte.

So sehr er westliche „Plutokraten", Juden, Polen und Bolschewisten verflucht haben mag, am meisten gehaßt hat er die gefestigte bürgerliche Ordnung in deutschen Landen, die ihn damals in Wien von sich stieß und ohne den Ausgang des I. Weltkrieges ihn niemals hätte hochkommen lassen. Die Vernichtung dieses von ihm immerfort verfluchten politischen Systems speiste seine wesentlichste Antriebskraft. Alles andere zu Liquidierende blieb demgegenüber sekundär. Hitlers satanische Schadenfreude, sein Ziel in Deutschland weitgehend erreicht zu haben, faßte sein Adept Goebbels 1945 in die bezeichnenden Worte: „Unter den Trümmern unserer verwüsteten Städte sind die letzten sogenannten Errungenschaften des bürgerlichen neunzehnten Jahrhunderts endgültig begraben worden."

So läßt sich denn doch der Auslöser für die unzähligen Menschen so rätselhafte Energie des Herrn Hitler entschlüsseln. Es ist die Rachesucht. Rache ohne Wenn und Aber, ohne Rücksicht auf Verluste, ohne Gewissen, ohne Grenzen. Die Rache einer verkrachten Existenz.

Abschließendes

Zwei Männer sind es, die Deutschlands Absturz in der Ersthälfte des 20. Jahrhunderts verursacht haben. Beide nacheinander und völlig unabhängig voneinander. Der eine ein labiler, vom Größenwahn heimgesuchter Herr von Hohenzollern, der andere ein ehedem halbverwahrloster Zöllnersjunge aus Braunau am Inn, der aber ganz genau weiß, was er erreichen will. Der eine möchte Deutschland glanzvollen Zeiten entgegenführen; der Andere will letztendlich Deutschland vernichten. Die Lebensmaxime des Einen: „Volldampf voraus!“ Die des Anderen: „Nach mir die Sintflut!“

Nach der Totalkatastrophe von 1945 wird Deutschland in zwei Teile zerrissen, die zu fast tödlicher Feindschaft gegeneinander gezwungen werden. 1990 wird das Land, wenn auch territorial im schwerstamputierten Zustand, wiedervereinigt. Auch das nur durch reinen Zufall! Weil die östliche Weltmacht Rußland von dem Deutschenfreund Michael Gorbatschow, und die westliche Weltmacht USA von dem Deutschenfreund George Bush angeführt wird.

Treitschkes berühmter Ausspruch „Männer machen die Geschichte“ bewahrheitet sich auch hier. In negativer wie in positiver Hinsicht. Der Rest ist Gedankenschwere, die den nachsinnenden deutschen Zeitgenossen überkommen muß.

Edition Noëma
Melchiorstr. 15
D-70439 Stuttgart

info@edition-noema.de

www.edition-noema.de
www.autorenbetreuung.de